甲骨字网络及其特性初步探索

焦清局 著

·北京·

图书在版编目（CIP）数据

甲骨字网络及其特性初步探索 / 焦清局著. —北京：科学技术文献出版社，2018.12
ISBN 978-7-5189-4777-5

Ⅰ.①甲… Ⅱ.①焦… Ⅲ.①互联网络—应用—甲骨文—研究 Ⅳ.①K877.1-39

中国版本图书馆 CIP 数据核字（2018）第 196757 号

甲骨字网络及其特性初步探索

策划编辑：张 丹　　责任编辑：王瑞瑞　　责任校对：文 浩　　责任出版：张志平

出 版 者	科学技术文献出版社	
地　　址	北京市复兴路15号　邮编　100038	
编 务 部	（010）58882938，58882087（传真）	
发 行 部	（010）58882868，58882870（传真）	
邮 购 部	（010）58882873	
官方网址	www.stdp.com.cn	
发 行 者	科学技术文献出版社发行　全国各地新华书店经销	
印 刷 者	北京虎彩文化传播有限公司	
版　　次	2018年12月第1版　2018年12月第1次印刷	
开　　本	710×1000　1/16	
字　　数	151千	
印　　张	9	
书　　号	ISBN 978-7-5189-4777-5	
定　　价	39.00元	

版权所有　违法必究

购买本社图书，凡字迹不清、缺页、倒页、脱页者，本社发行部负责调换

前　言

早在18世纪，人们就已对"网络"进行了初步的探索：欧拉将"七桥问题"抽象为图问题，对其进行研究。图是网络在数学上的表现形式，但当时的"网络"研究只局限于极小规模的情形，因此，并没有网络概念的产生，它只是数学的一个分支。随着文章"Collective Dynamics of 'small-World' Networks""Emergence of Scaling in Random Networks"的发表，以及互联网上大规模网络数据的产生，科学界掀起一股研究复杂网络的热潮，并产生了一门学科：网络科学。随后复杂网络的一些特性被人们广泛研究，如连通性、稀疏性、结点的度及其分布、平均路径长度与直径、聚类系数、度相关性、社团结构、结点重要性、网络模型等，为人们认识网络及复杂网络的应用提供了重要的理论基础。在应用方面，生物领域、物理领域、计算机领域等都取得了卓有成效的成果。

社团（或称模块）结构作为复杂网络的一个重要特性，其理论和应用都得到了广泛的研究。社团是网络的一个子网络，它要求社团内的结点紧密相连，而不同社团间的结点连接稀疏。随着模块度概念的出现，社团结构的研究逐步开展，大量的研究文献涌现。模块度不仅是挖掘社团结构的一种方法，而且是衡量不同算法好坏的标准，即模块度的值越高，表明算法的性能越好，网络分割的社团越好。因此，社团结构的挖掘成为一个交叉学科的研究内容。物理学家、计算机学家、数学家都可以设计不同的算法优化模块度的值，社团结构的挖掘问题转化为优化问题。随后，不同的社团结构衡量标准相继出现，社团结构的研究呈现出了多元化的状态，社团结构的理论研究和应用研究并行发展。

甲骨文是迄今为止中国所发现的最早古文字，是汉字的鼻祖，传承着中华民族基因。甲骨学的研究可以极大地提高中国的文化自信。甲骨文已入选"世界记忆名录"，表明甲骨文的价值得到了全世界的公认。然而，甲骨文的研究还存在很多问题，其中最大的问题是约2/3的甲骨文未知其语义，并且利用传统的方法很难对其破译。因此，设计不同于传统的考释方法迫在眉睫。甲骨文是相对比较成形的文字系统，具有一定的复杂性。传统孤立地考释甲骨文字的方法已无法取得突破性的进展，而复杂网络作为一种描述和解决复杂系统的有力工具，用于破译未识甲骨字的语义成为必然趋势。

本书首先简单回顾了复杂网络的基本概念，以及社团结构的研究方法和进展。然后着重介绍了甲骨字网络的构建与其特性，以及社团结构挖掘的新方法。因此，本书的组织结构如下：第一章概述地介绍了复杂网络的基本概念和社团结构；第二章详细介绍了甲骨字网络的构建及其特性，并给出以后网络甲骨学的研究内容；第三章阐述了一种基于已知社团个数的社团结构识别算法；第四章详细介绍了多尺度的社团结构概念、算法和在生物网络方面的应用；第五章提出了一种基于新结点相似性的链路预测算法；第六章给出了本书的总结和未来展望。

与其他书籍相比，本书的特色在于：①首次提出网络甲骨学的概念，并利用计算机技术首次构建了甲骨字网络，对甲骨字网络进行详细的分析，为用社团结构特性预测未识甲骨字的语义提供坚实的理论保障；②详细介绍了社团结构的多尺度概念，与单尺度的社团结构相比，多尺度社团结构更能反映现实网络的特征，本书还阐述了多尺度结构在生物网络方面的应用，以及在甲骨字网络方面的应用；③提出了一种基于已知社团个数的社团结构识别算法；④笔者在本书中给出了相应算法的主要代码。这些内容可以帮助读者尽快地进入社团结构研究的领域。

本书得到了国家语委科研规划项目（YB135-50）、河南省科技攻关项目（182102310920）、国家自然科学基金项目（61806007、U1504612）、国家社会科学基金重大委托项目（16@ZH017A3）教育部甲骨文信息处理重点实验室及教育部"甲骨文信息处理"创新团队、河南省甲骨文信息处理重点实验室的大力支持，在此表示衷心的感谢。书中每章内容后列举了参考的主要文献，在此对所引参考文献中的作者和出版机构表示感谢。

虽然本书尽可能地介绍了复杂网络和甲骨字网络各个方面的内容，但由于笔者水平有限，书中难免存在疏漏和不足之处，欢迎各位专家和读者批评指正。

目 录

第一章 绪论 ·· 1
  1.1 复杂网络的定义 ··· 1
  1.2 网络的类型 ·· 5
  1.3 网络的计算机表示 ·· 6
    1.3.1 网络的邻接矩阵表示 ······································ 6
    1.3.2 网络的邻接表表示 ··· 8
  1.4 复杂网络中的主要参数概述 ·································· 8
  1.5 复杂网络及社团研究概况 ····································· 9
  1.6 本书的组织结构 ··· 10

第二章 甲骨字网络及其社团结构 ································· 14
  2.1 基于计算机技术的甲骨文研究现状 ······················ 15
    2.1.1 甲骨文的输入和可视化 ································ 15
    2.1.2 甲骨文字识别 ··· 19
    2.1.3 甲骨文数据库构建 ······································ 21
    2.1.4 甲骨文语义分析 ·· 22
    2.1.5 甲骨拓片缀合 ··· 23
    2.1.6 国际合作研究现状 ······································ 24
    2.1.7 基于计算机技术的甲骨文研究存在的问题 ····· 26
  2.2 **基于复杂网络方法的语言研究现状** ······················ 26
    2.2.1 国外语言网络研究现状 ································ 26
    2.2.2 国内汉字语言网络研究现状 ························· 28

2.2.3 复杂网络的方法预测未识甲骨字语义存在的挑战 ········· 28
 2.3 甲骨字网络的构建和特性分析 ······················· 29
  2.3.1 甲骨字网络的构建 ···························· 29
  2.3.2 甲骨字网络特性分析 ·························· 32
  2.3.3 小结 ····································· 35
 2.4 未识甲骨字场景语义预测 ·························· 36
  2.4.1 未识甲骨字的重要性 ·························· 36
  2.4.2 未识甲骨字信息丰富度 ························ 37
  2.4.3 未识甲骨字的闭合性 ·························· 39
  2.4.4 未识甲骨字场景语义预测 ······················ 42
  2.4.5 小结 ····································· 43
 2.5 甲骨字网络中的社团结构 ·························· 43
  2.5.1 社团结构识别算法 ···························· 43
  2.5.2 甲骨字网络中的社团分析 ······················ 44
 2.6 未来工作 ······································ 46
  2.6.1 基于关键构件的甲骨字构形网络 ················ 47
  2.6.2 甲骨字语境和构形网络融合 ···················· 48
  2.6.3 基于网络局部拓扑目标函数的模块结构识别算法
     设计 ····································· 49

第三章 已知社团个数的网络分割算法 ···················· 53
 3.1 网络中社团个数的预测方法 ························ 53
  3.1.1 非回溯矩阵方法 ···························· 53
  3.1.2 最大似然方法 ······························ 60
 3.2 已知社团个数的网络分割算法 ······················ 69
  3.2.1 层次聚类 ································· 69
  3.2.2 ISIM 结点相似性 ··························· 70
  3.2.3 社团识别 ································· 74
  3.2.4 结果 ····································· 74

3.3 小结 ……………………………………………………………………… 77
第四章 多尺度模块结构及其应用 ………………………………………… 79
 4.1 多尺度模块结构识别算法 ……………………………………………… 79
  4.1.1 Stability 方法 ………………………………………………… 80
  4.1.2 基于改进模块度的多尺度方法 …………………………………… 90
  4.1.3 基于映射方程（Map Equation）的多尺度方法 ……………… 98
  4.1.4 基于结点距离的多尺度方法 ……………………………………… 99
  4.1.5 ISIMB 多尺度方法 …………………………………………… 100
 4.2 不同多尺度方法的性能 ……………………………………………… 104
 4.3 多尺度性在蛋白质多功能性上的应用 ……………………………… 108
  4.3.1 多尺度模块结构和蛋白质功能的关系 ………………………… 108
  4.3.2 生物网络数据 …………………………………………………… 109
  4.3.3 蛋白质多功能性的识别 ………………………………………… 111
 4.4 多尺度性在蛋白质结构上的应用 …………………………………… 115
 4.5 小结 …………………………………………………………………… 116

第五章 基于新结点相似性的链路预测 …………………………………… 119
 5.1 改进的 ISIM 结点相似性 …………………………………………… 120
 5.2 实验和结果 …………………………………………………………… 121
  5.2.1 实验数据 ………………………………………………………… 121
  5.2.2 6 种结点相似性指标 …………………………………………… 122
  5.2.3 评价指标 ………………………………………………………… 124
  5.2.4 实验结果 ………………………………………………………… 124
 5.3 小结 …………………………………………………………………… 125

第六章 总结和展望 ………………………………………………………… 131
 6.1 总结 …………………………………………………………………… 131
 6.2 展望 …………………………………………………………………… 132

第一章

绪　论

当今时代是大数据的时代，各个领域都产生了大量的数据。大量数据的产生为深刻理解社会、经济、服务等领域提供了坚实的理论数据基础。大数据代表着人类认知过程的进步。利用大数据描述事物，并通过数据分析方法挖掘有效信息，可为人们提供辅助决策，实现大数据的价值。然而，如何利用大数据对事物进行抽象和描述是大数据时代人们关注的问题。复杂网络为人们利用大数据抽象事物提供了强有力的工具，它可以使复杂的事物简单化，也是理解复杂现象的一种基本方式。复杂网络作为一门新的学科——网络科学，已引起不同领域学者的广泛关注，其研究内容涉及计算机科学、数学、物理、生命科学、社会学等众多学科。

1.1　复杂网络的定义

复杂网络（complex network）一般可以抽象为由结点（node）集 V 和边（edge）集 E 构成的图 $G=(V, E)$[1]。图1-1表示的是一个含有8个结点和10条边的网络示意。结点是现实世界中某一种具体事物或者人的抽象，如在社会网络（social network）中结点代表不同类型的人，蛋白质相互作用网络（protein protein interaction network）中结点代表蛋白质。边对应现实世界中事物与事物或人与人之间的联系。网络的研究是图论中研究的重点内容，而最早的图论研究可以追溯到18世纪著名的数学家欧拉对大家熟知的"七桥问题"的解决[2]。欧拉利用数学抽象法把4块陆地抽象为4个结点，而7座桥抽象为连接陆地的7条线，进而"七桥问题"的研究就转化为图论的研究。复杂网络的研究和图论的发展紧密相连、一脉相承，最为主要的表现是复杂网络中的研究方法和研究思路等大部分都来自图论。

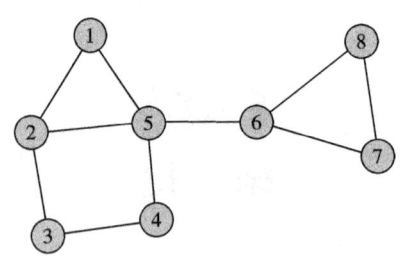

图1-1 一个包含8个结点和10条边的网络示意

在我们认识的所有领域中都有复杂网络的存在。例如，我们生活的社会由无数个网络构成，并形成稳定的社会状态。再如，每个人身边都围绕这几个网络：亲戚网络、同学网络、同事网络。在这3个网络中，结点代表人、边是亲情（或血缘）、共同学习、共同工作关系的抽象。其实，每个人都在这3个网络中相互转换，并扮演着不同类型的角色。在家庭中，我们生活在亲戚网络中；在学习中，我们处在共同的学校中；在工作中，我们时刻与同事交流。因此，我们时刻是复杂网络中的一个结点，并与网络中的其他结点共同生活、学习和工作。

在我们看到的计算机上时刻存在着复杂网络的身影。我们上网浏览网页时，其实这个网页是因特网中的一个小小结点。当我们看完这个网页，根据网页下端的链接跳转到另外一个网页时，复杂万维网中的边就产生了。因此，在万维网（图1-2，来源：https：//wenku.baidu.com/view/66a9a63b0166f5335a8102d276a20029bd6463d4.html）中，每一个结点代表一个网页，每一条边表示网页和网页之间的链接关系。万维网是人们构建的最大的虚拟网络，而且这个网络的大小还在增加。万维网络的产生为人们了解外部世界、获取资源提供了最快的方式。

随着高通量分子生物学实验技术的发展，产生了多水平、多层面的生物多组学数据。研究生物组分间的复杂关系，对于解析疾病的信号转导和调控过程，从系统层面了解疾病的发生、发展机制，发现复杂疾病的潜在治疗靶标及诊治生物标志物，进行系统模式的药物发现，均具有重要的研究意义。多组学为数据挖掘提供了坚实的数据基础[3]。生物组分间的复杂关系研究和多组学数据的抽象是分子生物学研究的重要内容，也迫切需要强有力的工具。复杂网络作为研究复杂系统的有效手段，已被广泛应用于生物学领域，

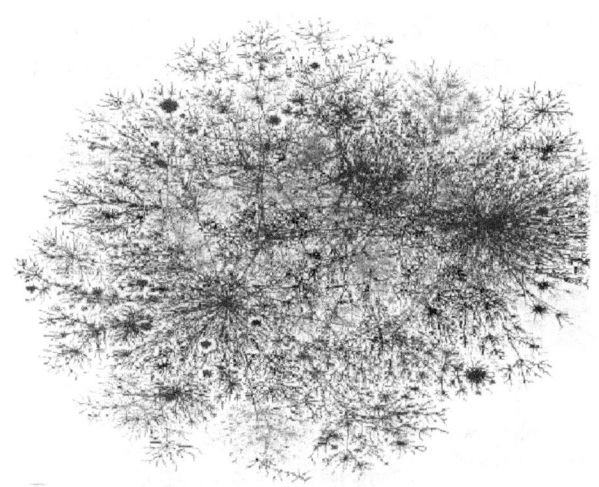

图 1-2　万维网示意

并产生了海量的生物网络数据，如蛋白质相互作用网络、代谢网络（metabolic network）、基因调控网络（gene regulatory network）（图 1-3）[4]、基因共表达网络（gene co-expressed network）（图 1-4）[5]。

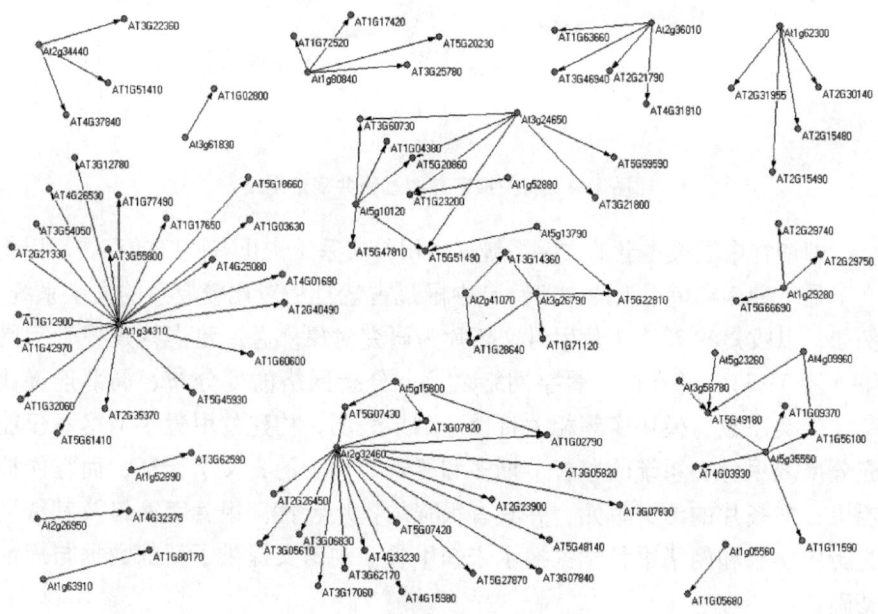

图 1-3　基因调控网络示意

甲骨字网络及其特性初步探索

大量生物网络的涌现,导致新研究方向的产生——网络生物学(network biology)。网络生物学包含了以生物网络为基础数据的各种生物学研究,也包含了以复杂网络为思维方式的生物学思维研究。网络生物学的产生为人们从系统的角度研究生物学提供了数据和理论基础,为揭示复杂疾病的病因提供了可能。

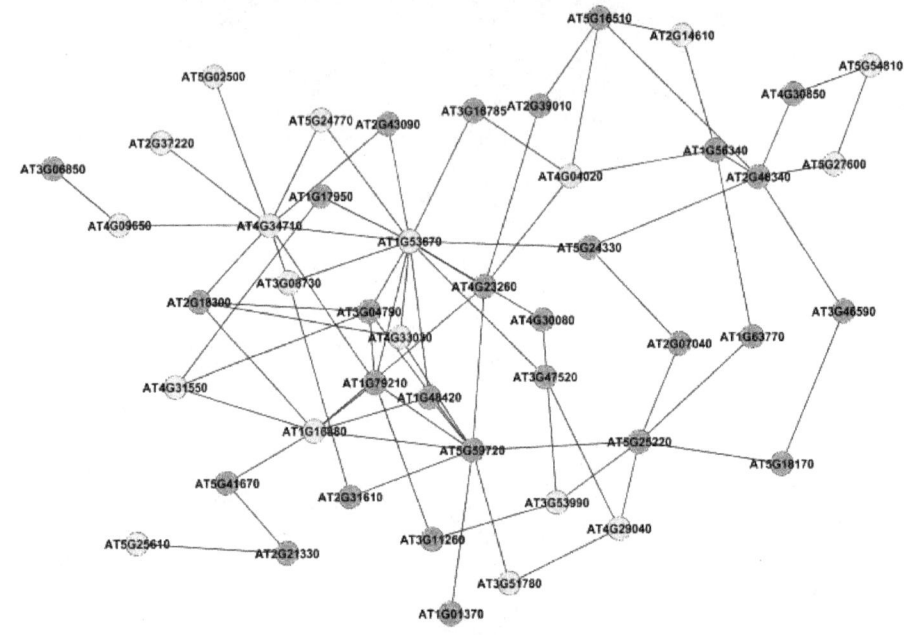

图1-4 有关拟南芥的基因共表达网络

即使在中国最古老的文字系统——甲骨文系统中也有网络的存在。甲骨文字是一种刻在龟甲上的文字,是中国最古老且相对比较成熟的文字系统。例如,以收集的72 151片甲骨文拓片为研究对象,通过建模构建甲骨字网络(图1-5),并在此甲骨字网络之上,分析网络的度分布、局部连接比率、聚类系数、模块度等相关特性。结果表明,构建的甲骨字网络不仅能充分反映甲骨文系统的单音节词多和复音节词少的古文字特征,而且能捕捉甲骨文拓片的语义单元,并具有很强的模块特性。甲骨字网络及其特性为历史学家和网络甲骨学家揭示未知甲骨字的语义提供了新的数据与理论基础。

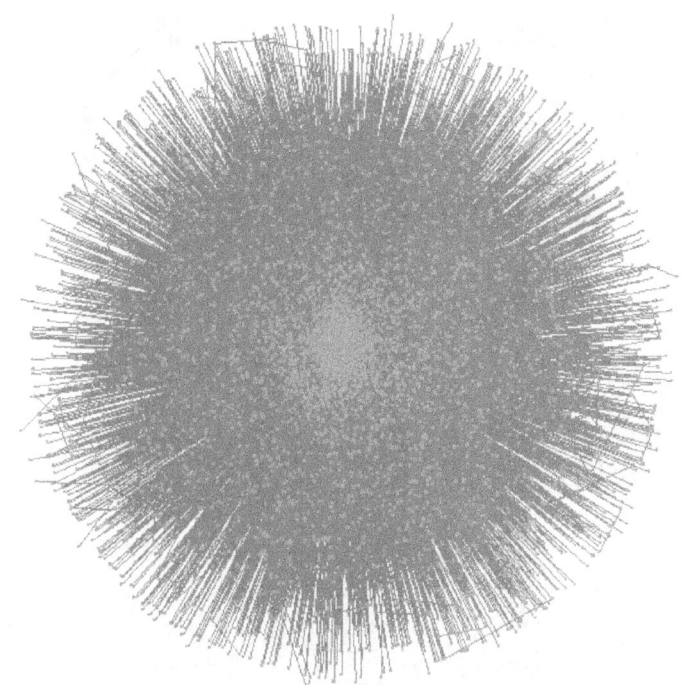

图 1-5 甲骨字网络

1.2 网络的类型

按照网络中边的类型,可以把网络分为 4 类(图 1-6)[1]:无权重无方向网络、无权重有方向网络、加权重无方向网络、加权重有方向网络。边的权重代表结点之间联系的强度,无权重网络表示的是结点之间的联系强度平等。边的方向表示结点之间的单向关系,边的方向性是现实世界的具体描述。例如,在人与人之间的认识网络中,方向性表示一个人认识另外一个人,而他们之间并不是相互认识的。

不同类型的网络并不是固定不变的,可随着时间或地点的变化而相互转变。例如,在某个时间,一个人单向认识某一个人,随着时间的推移,他们可能就相互认识了,产生的网络也会发生变化。这 4 种类型网络(或图)之间的详细转换关系如图 1-7 所示[1]。

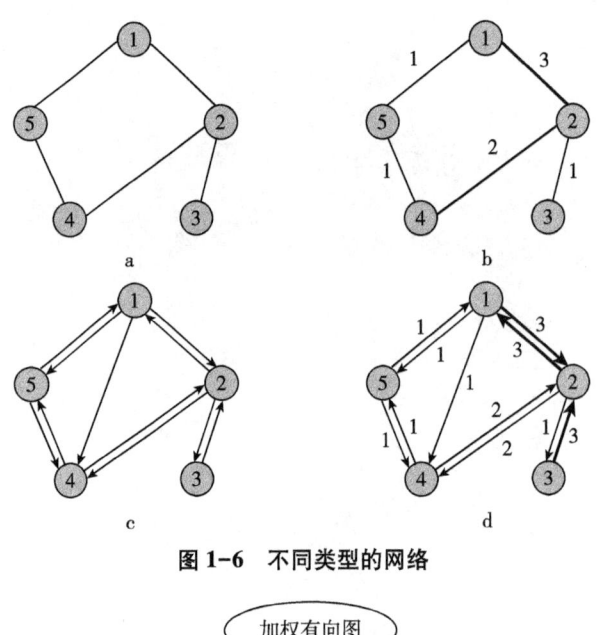

图 1-6　不同类型的网络

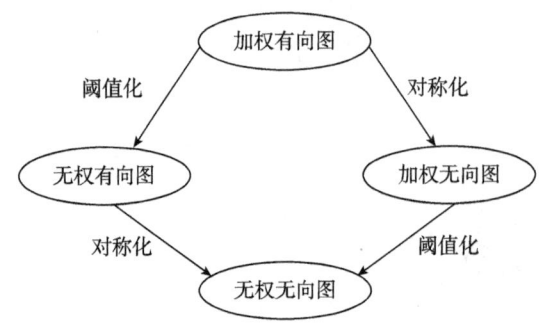

图 1-7　不同类型网络之间的关系

1.3　网络的计算机表示

网络的计算机表示是用计算机处理网络的首要任务，也是处理大规模网络的前提。最常见的计算机表示网络的方法主要有两种[1]：邻接矩阵（adjacency matrix）和邻接表（adjacency list）。

1.3.1　网络的邻接矩阵表示

假设网络（或图）$G = (V, E)$ 含有 N 个结点，其可以表示为一个 $N \times N$

的矩阵。邻接矩阵 A 可以表示为：$A = (a_{ij})_{N \times N}$，矩阵中的元素 a_{ij} 为结点 i 和结点 j 之间的关联值，对于不同的网络，其定义如下。

（1）无权重无方向网络

a_{ij} 表示为：

$$a_{ij} = \begin{cases} 1, & \text{结点 } i \text{ 和结点 } j \text{ 之间有边相连} \\ 0, & \text{结点 } i \text{ 和结点 } j \text{ 之间无边相连} \end{cases}$$

图 1-6 中 a 网络的邻接矩阵可以表示为：

$$\begin{bmatrix} 0 & 1 & 0 & 0 & 1 \\ 1 & 0 & 1 & 1 & 0 \\ 0 & 1 & 0 & 0 & 0 \\ 0 & 1 & 0 & 0 & 1 \\ 1 & 0 & 0 & 1 & 0 \end{bmatrix}$$

（2）有权重无方向网络

a_{ij} 表示为：

$$a_{ij} = \begin{cases} w_{ij}, & \text{结点 } i \text{ 和结点 } j \text{ 之间有边相连且权重为 } w_{ij} \\ 0, & \text{结点 } i \text{ 和结点 } j \text{ 之间无边相连} \end{cases}$$

图 1-6 中 b 网络的邻接矩阵可以表示为：

$$\begin{bmatrix} 0 & 3 & 0 & 0 & 1 \\ 3 & 0 & 1 & 2 & 0 \\ 0 & 1 & 0 & 0 & 0 \\ 0 & 2 & 0 & 0 & 1 \\ 1 & 0 & 0 & 1 & 0 \end{bmatrix}$$

（3）无权重有方向网络

a_{ij} 表示为：

$$a_{ij} = \begin{cases} 1, & \text{有结点 } i \text{ 指向结点 } j \text{ 的边} \\ 0, & \text{无结点 } i \text{ 指向结点 } j \text{ 的边} \end{cases}$$

图 1-6 中 c 网络的邻接矩阵可以表示为：

$$\begin{bmatrix} 0 & 1 & 0 & 1 & 1 \\ 1 & 0 & 1 & 1 & 0 \\ 0 & 1 & 0 & 0 & 0 \\ 0 & 1 & 0 & 0 & 1 \\ 1 & 0 & 0 & 1 & 0 \end{bmatrix}$$

(4) 有权重有方向网络

a_{ij} 表示为：

$$a_{ij} = \begin{cases} w_{ij}, & \text{有结点 } i \text{ 指向结点 } j \text{ 的边且权重为 } w_{ij} \\ 0, & \text{无结点 } i \text{ 指向结点 } j \text{ 的边} \end{cases}。$$

图 1-6 中 d 网络的邻接矩阵可以表示为：

$$\begin{bmatrix} 0 & 3 & 0 & 1 & 1 \\ 3 & 0 & 1 & 2 & 0 \\ 0 & 3 & 0 & 0 & 0 \\ 0 & 2 & 0 & 0 & 1 \\ 1 & 0 & 0 & 1 & 0 \end{bmatrix}。$$

1.3.2 网络的邻接表表示

网络的邻接表是用一个三元组表示，每一行用 3 个数字表示，第一个数字表示第一个结点的标识，第二个数字表示第二个结点的标识，第三个数字表示两个结点之间的权重。图 1-8 给出了图 1-6 中 d 网络的邻接表表示。

```
1 2 3
1 4 1
1 5 1
2 1 3
2 3 1
2 4 2
3 2 3
4 2 2
4 5 1
5 1 1
5 4 1
```

图 1-8 网络的邻接表表示示意

1.4 复杂网络中的主要参数概述

复杂网络中的参数是对复杂系统抽象使用的最重要工具，也是人们理论上研究复杂网络的驱动力。例如，复杂网络中的度（degree）表示的是结点和其邻接结点连接的个数。如果一个网络表示的是某人的亲戚网络，那么此网络中结点的度表示的是某人亲戚的个数，在一定程度上表示了某人的家庭规模。除了网络中的度之外，局部连接比率[6]表示的是一个网络中结点在小范围内相互之间的交互关系。由于不同的书籍和文献中已对网络的参数做了详细的介绍，本书中不再做具体的介绍。如果在相应的章节使用网络的参数，会在对应的章节中对使用的参数做具体的解释。

1.5 复杂网络及社团研究概况

虽然复杂网络的研究可以追溯到很早的时间，但是复杂网络的研究真正引起人们广泛关注的是在21世纪初，其主要原因是大规模网络数据的产生及图论知识无法解决现有的复杂网络问题。因此，无论是在理论上还是应用上都需要对复杂网络进行开创性的研究。例如，复杂网络中开创性的研究"Emergence of Scaling in Random Networks"[7]也是在大规模网络基础上展开的。在开创性工作之上，网络的一些参数也得到了广泛的研究，如度和度分布、聚类系数、局部连接比率、网络最短和最长路径、社团（或称模块）结构、层次性等参数。网络模型方面，随机图、小世界网络、无标度网络、BA及其变形模型；网络应用方面，社会网络中经纪人分析、共同爱好和兴趣挖掘；生物网络中未知蛋白质功能预测、生物生长过程模拟、复杂疾病病理分析等；语言网络方面，句法、语义网络的构建及其特性分析；万维网方面，无标度特性分析，这些研究结果极大地推进了复杂网络的研究进展。

在复杂网络的众多属性中，社团结构的研究是复杂网络领域最为关注的内容。2002年，Girvan和Newman提出模块度（modularity）的概念识别社团结构后，研究人员开始在大规模网络上挖掘社团[8]，也是人们开始大规模研究复杂网络的开端。人们开始利用计算机等现代手段来处理和分析各种类型的复杂网络与复杂系统，很多社团结构识别方法被提出来，如基于模块度的方法。基于模块度的方法主要是对模块度的定义进行优化，研究人员采用不同的优化方法去优化模块度函数。模块度的提出掀起了人们研究社团挖掘的狂潮，其原因主要有两点：一是以往的社团挖掘方法主要依靠模糊的概念，即社团是网络中的一个子网络，并要求社团中的结点连接紧密，而不同社团间的结点连接稀疏，并没有对社团进行定量的定义，而模块度给出了社团的定量定义；二是模块度出现之前，人们无法定量衡量不同社团挖掘方法，而模块度定义可以衡量不同的方法，模块度值越大，方法越好。模块度定义如下：

$$Q = \sum_{s=1}^{c}\left[\frac{l_s}{M} - \left(\frac{d_s}{2M}\right)^2\right]。 \quad (1-1)$$

其中，l_s 为社团 s 内的边数；d_s 为社团 s 内所有结点度的和；M 为网络中的边数。

在模块度方法的启发下，很多不同于模块度的方法被提出来，如分裂方法[9-12]、合并方法[13-14]、谱聚类方法[15]、基于随机游走模型方法[16-17]。以上方法只是单一地运用了网络的局部或全局信息，并不能达到很好的效果。因此，公茂果等提出了多目标优化的方法，这些方法可以在某种程度上提高算法的效率[18-19]。与此同时，有关社团挖掘方法的综述文章也大量涌现[20]。

1.6 本书的组织结构

本书从复杂网络的一些基本概念和理论知识开始，并结合复杂网络的社团结构入手，对甲骨文系统进行探索性的研究和思考。甲骨文是中国最早的文字，它不但蕴藏着古人的一些思维与思想，更是探索中国的文字源流、文字发展规律的宝贵资料。不仅如此，甲骨文的研究对提高民族文化自信具有重要的作用。但是，依靠历史学家已无法破译未识的甲骨字，要想突破这个瓶颈，必须从不同的角度研究甲骨文。甲骨文与现有的文字系统相似，具有一定的系统性和复杂性。复杂网络是描述复杂系统和研究复杂系统最为有力的工具，因此，利用复杂网络研究甲骨文系统成为一种趋势，也最有可能从计算的角度破译甲骨文。本书通过拓片信息构建甲骨字网络，并在此网络之上展开相应的研究和探索。本书的组织结构如下。

第一章为绪论。介绍了复杂网络的定义，网络的类型，网络的计算机表示，网络的主要参数（包括度、最短路径和聚类系数），复杂网络及社团研究概况，最后给出了本书的组织结构。

第二章为甲骨字网络及其社团结构。首先，创新性地利用甲骨文拓片信息构建甲骨字网络，它为网络甲骨学的研究提供了数据基础；其次，对甲骨字网络的度分布、局部连接比率、聚类系数和模块度等特性进行详细的分析，并从甲骨文系统的角度对得到的结果进行定性分析。通过分析得到了以下结论：一是构建的甲骨字网络能充分反映甲骨文系统的单音节词多和复音节词少的特征；二是在甲骨文系统中，描述一个语义单元仅仅需要 17 个甲骨字；三是甲骨字网络具有很强的社团结构特性，这一特性为利用社团结构破译甲骨字提供了理论依据。最后，我们利用甲骨字网络和统计特性对于未识甲骨字的语义进行预测，并进行验证。

第三章为已知社团个数的网络分割算法。在已知社团个数的情况下可以有效提高社团结构识别算法的正确率。为了预测社团的个数，人们提出了很多算法，如非回溯矩阵（nonbacktracking matrix）方法、最大似然（maximum-likelihood）方法等。本章首先使用非回溯矩阵方法预测网络的社团个数，然后结合网络中的结点相似性挖掘网络中的社团。与其他算法相比，该算法具有良好的性能，能为破译未识甲骨文字的语义提供算法支持。

第四章为多尺度模块结构及其应用。现实网络中的社团往往呈现多尺度（multi-scale）性，即大的社团包含小的社团，而小的社团包含更小的社团，进而呈现一定的多尺度性。首先，详细回顾了网络中的多尺度社团结构及 3 种典型的多尺度社团结构挖掘算法，其中 ISIMB 算法是由笔者提出的，具有良好的性能；其次，给出了 3 种算法的主要代码；再次，在合成的网络上，对 3 种不同的算法进行性能验证；最后，给出了多尺度社团结构在甲骨字网络中的应用背景和含义。

第五章为基于新结点相似性的链路预测。链路预测从网络链路的微观层面解释网络结构生成的原因，它的研究可以帮助我们更好地理解复杂网络的结构生成与演化规律。现有基于结点相似性的链路预测算法只考虑网络的局部或全局的拓扑性质，存在一定的缺陷。本章中，利用新结点相似性 NISIM 对网络中的边进行预测，新结点相似性充分考虑了结点之间的最短路径和结点的邻接结点信息，所以能够有效地捕捉到网络的拓扑结构，链路预测的精度会更高。在 6 个真实网络数据上应用的结果表明，NISIM 相似性在链路预测方面能获得较好的性能和稳定性。

第六章为总结和展望。

参考文献

［1］ 汪小帆，李翔，陈关荣. 网络科学导论［M］. 北京：高等教育出版社，2012.
［2］ 汪小帆，李翔，陈关荣. 复杂网络理论及其应用［M］. 北京：清华大学出版社，2006.
［3］ 李杰. 基于多组学数据和网络模型的复杂疾病靶标预测及药物基因组学研究［D］. 上海：华东理工大学，2017.
［4］ JIAO Q J, YANG Z N, HUANG J F. Construction of a gene regulatory network for *Arabidopsis* based on metabolic pathway data［J］. Chinese Science Bulletin, 2010, 55 (2)：158-162.
［5］ KRISHNA R, LI C-T, BUCHANAN-WOLLASTON V. A temporal precedence based clustering method for gene expression microarray data［J］. BMC Bioinformatics, 2010, 11: 68.
［6］ JIAO Q J, HUANG Y, SHEN H B. Community mining with new node similarity by incorporating both global and local topological knowledge in a constrained random walk［J］. Physica A: Statistical Mechanics and its Applications, 2015, 424: 363-371.
［7］ BARABÁSI A L, ALBERT R. Emergence of scaling in random networks［J］. Science, 1999, 286 (5439)：509-512.
［8］ GIRVAN M, NEWMAN M E J. Community structure in social and biological networks［J］. Proceedings of the National Academy of Sciences of the United States of America, 2002, 99 (12)：7821-7826.
［9］ RADICCHI F, CASTELLANO C, CECCONI F, et al. Defining and identifying communities in networks［J］. Proceedings of the National Academy of Sciences of the United States of America, 2004, 101 (9)：2658-2663.
［10］ TYLER J R, WILKINSON D M, HUBERMAN B A. E-mail as spectroscopy: automated discovery of community structure within organizations［J］. The Information Society, 2005, 21 (2)：143-153.
［11］ CHEN J C, YUAN B. Detecting functional modules in the yeast protein-protein interaction network［J］. Bioinformatics, 2006, 22 (18)：2283-2290.
［12］ FORTUNATO S, LATORA V, MARCHIORI M. Method to find community structures based on information centrality［J］. Physical Review E, 2004, 70 (5)：056104.
［13］ DANON L, DÍAZ-GUILERA A, ARENAS A. The effect of size heterogeneity on community identification in complex networks［J］. Journal of Statistical Mechanics: Theory and Experiment, 2006, 2006 (11)：11010.
［14］ WAKITA K, TSURUMI T. Finding community structure in mega-scale social networks［C］. Proceedings of the 16th international conference on World Wide Web, New York, USA: ACM, 2007: 1275-1276.

[15] NEWMAN M E J. Modularity and community structure in networks [J]. Proceedings of the National Academy of Sciences, 2006, 103 (23): 8577-8582.

[16] ROSVALL M, BERGSTROM C T. Maps of random walks on complex networks reveal community structure [J]. Proceedings of the National Academy of Sciences, 2008, 105 (4): 1118-1123.

[17] ZHOU H J, LIPOWSKY R. Network brownian motion: a new method to measure vertex-vertex proximity and to identify communities and subcommunities [J]. Lecture Notes in Computer Science, 2004, 3038: 1062-1069.

[18] GONG M G, MA L J, ZHANG Q F, et al. Community detection in networks by using multiobjective evolutionary algorithm with decomposition [J]. Physica A: Statistical Mechanics and Its Applications, 2012, 391 (15): 4050-4060.

[19] GONG M G, CAI Q, CHEN X W, et al. Complex network clustering by multiobjective discrete particle swarm optimization based on decomposition [J]. IEEE Transactions on Evolutionary Computation, 2014, 18 (1): 82-97.

[20] FORTUNATO S. Community detection in graphs [J]. Physics Reports, 2010, 486 (3): 75-174.

第二章

甲骨字网络及其社团结构

文字是文明的标志，也是一个民族的化石和印记。甲骨文是一种刻在龟甲与兽骨上的文字（图2-1），是距今有3500多年历史的古汉字，其所记载的内容极其丰富，涉及商代社会生活的诸多方面，不仅包含政治、军事、文化、社会生活等内容，而且包含天文、历法等科学技术。甲骨文是地下出土中中国最早的成文古典文献遗产，是汉字的鼻祖，承载着真正的中华基因。2016年5月17日在北京主持召开的哲学社会科学工作座谈会中习近平指出："要重视发展具有重要文化价值和传承意义的'绝学'、冷门学科。这些学科看上去同现实距离较远，但养兵千日、用兵一时，需要时要拿得出来、用得上。还有一些学科事关文化传承的问题，如甲骨文等古文字研究等，要重视这些学科，确保有人做、有传承。"同年，全国哲学社会科学规划办公室将"大数据、云平台支持下的甲骨文字考释研究"列入2016年度国家社会科学基金重大委托项目。2016年10月底，国家社会科学基金重大委托项目"大数据、云平台支持下的甲骨文字考释研究"正式实施。2017年10月30日甲骨文入选"世界记忆名录"，肯定了甲骨文遗产的世界意义。甲骨文的研究为寻绎中国思想之渊薮、中国精神之缘起、中国传统文化之特质提供了最真实的素材。

从1899年发现至今，经海内外学者们近120年来的探索，其中的历史奥秘逐渐揭开，甲骨学成为一门举世瞩目的国际性显学。在甲骨学领域中，未识甲骨字的考释一直是甲骨学家研究的重要内容。在已发现的约4378个甲骨文字中，已释读字仅有1682个，剩下的字考释难度非常大[1]。传统的考释方法主要依靠甲骨文专家的知识和猜测：首先，甲骨文专家利用具备的知识对未识甲骨字进行"隶定（对甲骨字进行模糊语义猜测）"；然后，通过相应的文献对"隶定"的语义进行验证。传统的考释方法存在以下缺点：

图 2-1　甲骨文拓片及其上的甲骨字

一是在"隶定"和验证阶段需要研究者具备大量的甲骨文专业知识,然而,由于人的生理、认知等因素的影响,研究者无法掌握完备的专业知识;二是传统方法只是从孤立的拓片信息"隶定"未识甲骨字语义,但是,甲骨文是一种成熟的文字系统,这种孤立的研究方法可能会导致考释结果的不正确。因此,用传统方法很难取得新的进展。甲骨文研究积累的数据已呈现海量化和系统化,中外有学者开始转变研究思路,采用计算机技术对甲骨文字进行分析,并结合大数据进行甲骨文可视化、语义计算,从而突破甲骨文考释瓶颈,获得新的进展,进而促进甲骨学的发展。

2.1　基于计算机技术的甲骨文研究现状

近年来,随着计算机技术特别是人工智能技术的蓬勃发展和甲骨文数据的大规模化,从计算的视角研究甲骨文成为一种新的趋势。然而,由于计算机技术的甲骨学研究需要甲骨学、古文字学、历史学、考古学等交叉学科的知识,目前计算甲骨学方面的文献并不多。这些文献主要集中在甲骨文的输入和可视化、识别、数据库构建、语义分析、甲骨拓片缀合等方面的研究。

2.1.1　甲骨文的输入和可视化

与现在的甲骨文不同,甲骨文字都是篆刻的文字,其在计算机上输入非常困难，因此，甲骨文的输入和可视化对研究甲骨文有重要作用。考虑到甲骨文有其独特的特点：一是甲骨字是古人占卜时在甲骨上刻的文字，很不规范且不具规律性；二是异字同形较多；三是在发现的所有甲骨字中，大约有 2/3 的甲骨字不认识，因此，无法从音码的角度输入甲骨字；四是在甲骨字的研究文献中，一篇完整的文献使用甲骨字的频率较低。基于以上因素，刘永革等通过建立甲骨文图片化字库，实现了甲骨文的可视化输入[2]。此种输入方法可以根据图片数据输入甲骨字 6199 个（包含异形体）。但是可视化的甲骨字输入也存在一些问题：一是数据量大；二是当网络链接有问题时，插入到网页中的甲骨字图片显示不出来；三是不能放大和编辑，因为位图在放大时容易变形失真。为了解决以上问题，史创明和刘永革采用可伸缩图形 SVG（Scalable Vector Graphic）来解决网页上甲骨字的显示问题[3]。图 2-2 给出了这种方法的一个实例，该方法首先把甲骨字矢量化，然后输

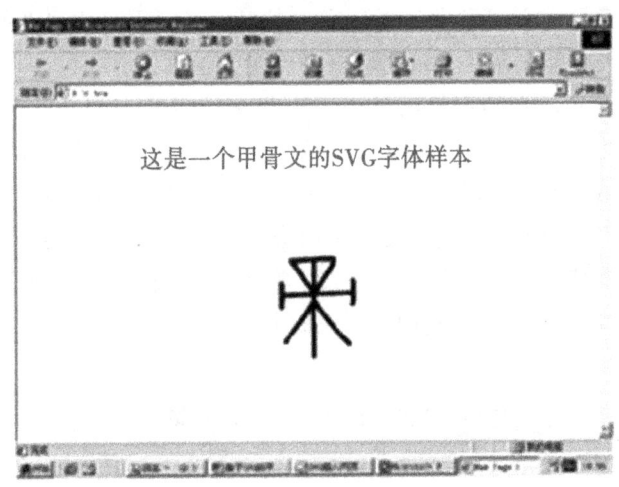

图 2-2　含有甲骨字的网页实例

出为 SVG 格式，最后通过编程把 SVG 文件输入网页中。此种方法可以作为甲骨字文本输入的一种有效补充。2011 年，栗青生和王蕾设计了更为方便的甲骨文图文编辑系统[4]，在该系统中，使用者可以修正错误的甲骨字字形。甲骨文图文编辑系统是一个集通用文字编辑和甲骨文字图片编辑于一体的图文编排系统，该系统能够实现甲骨文的输入、甲骨文文字和拓片的图文混排功能（图 2-3）、甲骨文字形的动态编辑功能、甲骨文字形的临摹功能、甲骨文的印刷功能、甲骨文特殊字形打印六大功能。这些功能的实现对

第二章 甲骨字网络及其社团结构

甲骨文研究、甲骨文数字化、甲骨文的交叉研究具有重要意义。为了解决甲骨字的异体字和合体字的问题，栗青生等引入了有向笔段和笔元的概念[5]。有向笔段是有方向的线段，笔元是由一个或者多个有向笔段组成的甲骨文中的一个完整的笔画结构。经过统计，栗青生等把5092个甲骨文分成3类基本的笔元：直线笔元、折线笔元、弧线笔元。得到笔元和有向笔段后，通过字形描述算法对它们进行编辑，进而生成甲骨字。

图 2-3　甲骨文的图文混排

在研究甲骨文输入法时，甲骨文的编码起着重要的作用。肖明等利用模糊信息分析理论对象形码编码的模型进行了研究[6]，得出了甲骨文编码的最佳码长大致接近于3，从而为5000多个甲骨文字进行科学编码提供了理论基础。2008年，顾绍通等对《殷墟甲骨刻辞类纂》所收录的甲骨文字形进行了全面的分析，整理出569个甲骨文部件[7]。首先，对于569个部件，将其分别编置在标准键盘的26个键位上。其次，对甲骨文字进行拆分取码，如果甲骨字是独体字，将其映射为单个拉丁字母的编码序列，如果是其他字形，采用拆分输入的方法，按照从左到右、从上到下、从外到内的顺序来对甲骨文字型进行拆分取码，取第一、第二、第三及末码作为字形的输入码，对于不足四码的以空格键结束。图2-4给出了顾绍通等设计的甲骨文编码示意。最后，设计相应的形码表和音码表，进而可以使用户从形和音的角度输入甲骨。图2-5是从形的角度输入甲骨文。

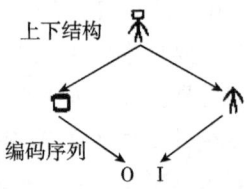

图 2-4 甲骨文编码示意

图 2-5 甲骨文形码输入法实例

聂艳召和刘永革认为每一个甲骨字都是由某些笔画按照一定的规律组成的，这些笔画可以称为"码元"[8]。在聂艳召和刘永革设计的编码系统中，他们认为码元共包含9种笔画，即点、横、竖、撇、捺、弯、框、曲、圆。每一个码元和键盘上的字母对应起来：d—点、h—横、s—竖、p—撇、n—捺、w—弯、k—框、q—曲、y—圆。在码元之上，采用3种拆分准则（无笔顺原则、尽量体现造字意图、自由拆分）对每一个甲骨字进行拆分，然后设计码表输入甲骨字（图2-6）。

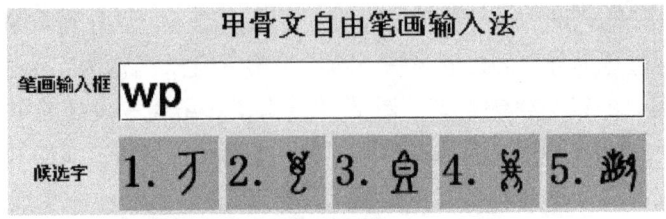

图 2-6 甲骨文自由笔画输入法实例

2.1.2 甲骨文识别

早在1996年,复旦大学的李锋等提出了一种图论方法识别甲骨文字[9]。由于甲骨文字具有一定的文字雏形,包含了明确的"线"和"点",因此,把甲骨文看成由"线"和"点"构成的无向图较为合理。通过抽取甲骨字的无向图特征,进而识别甲骨文字。与李锋等的方法相似,栗青生等同样是把甲骨字通过变换为无向图进而识别甲骨文字[10]。具体过程如下:首先,对甲骨字中的端点和交点进行图中点的抽象,连接图中点的连线(图2-7),形成甲骨字图;其次,把甲骨字图用矩阵表示;再次,利用此种方法把认识的甲骨字表示成图,放在相应的字库中,作为比较的样本;最后,对于未识的甲骨字,同样对其抽象,形成未知字图,使用相应的图同构算法把未知字图和已知图字库中的甲骨字进行对比,进而识别未知甲骨字。

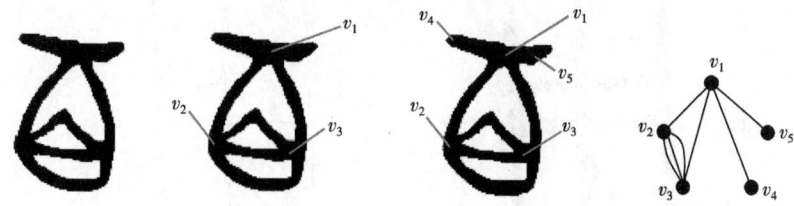

图 2-7　甲骨字图抽象过程

2014年,高峰等首先利用语境分析生成的候选字库得到对应的甲骨文语义构件向量,然后结合Hopfield网络识别的结果计算待识别的甲骨文模糊字的匹配度,根据匹配度识别甲骨字[11]。其具体过程如下:①根据已知甲骨字资料库的语义分析,获取未识(或模糊)甲骨字X的候选甲骨字集 $L = \{l_i | i = 1, 2, \cdots, n\}$;但是需要注意的是,在此方法中未识甲骨字的前驱字A和后继字B需要已知,即形成AXB的格式。②建立对应的Hopfield神经网络并对未识甲骨字进行初步识别,如果能够识别未识甲骨字,则输出识别的结果,否则进行第三步计算。③通过人工和模糊匹配计算初步辨认出的未识甲骨字X的可见甲骨文构件向量g,并存储。④将未识甲骨字的构建向量g与L中的n个候选字进行匹配,得到每一个字的匹配度。⑤选择n个候选字中的匹配度值最大的字作为未识甲骨字的识别结果。未识甲骨字的前驱甲骨字和后继甲骨字都已知的情况下,该方法识别的甲骨字有较高的正确

率，并具有一定的可行性，但是，在未知甲骨字语境信息较少的情况下，未知甲骨字有可能无法识别。如果从甲骨字的字形出发，通过抽象甲骨字的特征，可以识别甲骨字，可避免因缺少语境信息无法识别未知甲骨字的情况。2016年，顾绍通根据甲骨字的拓扑结构具有相对的稳定性，抽取甲骨字的字形特征，进而对甲骨字的字形进行识别[12]。该方法的字形识别主要包含以下3个步骤。

一是提取甲骨字字形图像的拓扑顶点，先对字形图像进行细化处理，然后按照从上到下的顺序扫描细化后的甲骨字图像的每一行的像素，对每一个像素应用八连通模板进行判断，如果像素在所有方向均无连通区域，则这一点为孤立点；如果像素只在一个方向存在连通区域，则这一点为端点；如果像素在3个方向存在连通区域，则为三叉点。四叉点、五叉点、六叉点依此类推。图2-8给出了甲骨字"贞"的拓扑顶点提取过程。

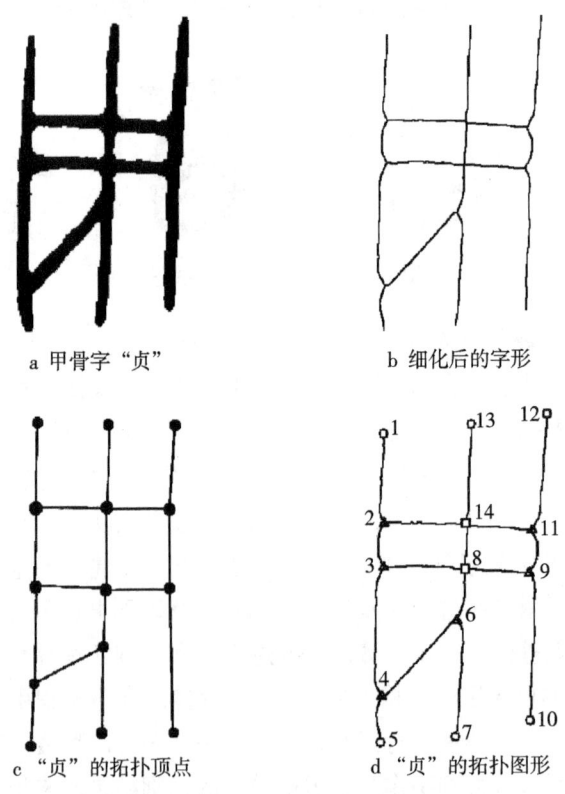

a 甲骨字"贞"　　　　　b 细化后的字形

c "贞"的拓扑顶点　　　d "贞"的拓扑图形

图2-8　甲骨字"贞"的拓扑顶点提取过程

二是拓扑编码。甲骨字的拓扑编码是对甲骨字的一种特征抽象，它可以突显两个甲骨字的异同。一个甲骨字的字形拓扑结构的编码可以用一个4元组表示：

$$T(C) = (f_1, f_2, N, R)。 \tag{2-1}$$

其中，f_1，f_2 分别为连通支、割点的数目；N 可以用式（2-2）表示；R 表示拓扑顶点之间的连接关系，R 可以用含有结点和边的无向图（无向图的定义和网络的定义基本一致）来表示。

$$N = 0 \times N_0 + 0.1 \times N_1 + 0.2 \times N_2 + 0.3 \times N_3 + 0.4 \times N_4 + 0.5 \times N_5 + 0.6 \times N_6。 \tag{2-2}$$

其中，(N_0，N_1，N_2，N_3，N_4，N_5，N_6) 表示零叉点到六叉点之间的数目。

三是拓扑配准计算。拓扑配准计算包含以下几个步骤：①提取甲骨字的拓片顶点；②建立拓片顶点之间的拓片关系；③拓片关系编码；④计算基准拓扑与待配准拓扑之间的距离；⑤小于给定阈值的两个拓扑间距离的字形图形被识别为拓扑等价，否则为拓扑不等价。

2017年，刘永革和刘国英通过提取甲骨字图像中的特征，并结合支持向量机（SVM）识别甲骨字[13]。首先，该方法对甲骨字的特征进行提取：一是采用最大最小规格方法对原始图像进行归一化；二是提取归一化图像的骨架；三是图像裁剪；四是提取文字特征。具体是把裁剪后的图像分为 $M \times M$ 个分块，统计每一块内部甲骨字像素的个数，再进行归一化后作为文字的特征。其次，设计支持向量机，采用C-SVM作为分类器，在C-SVM中选用一对一的投票策略进行甲骨字的识别。图2-9给出了甲骨字识别步骤和识别结果。

2.1.3 甲骨文数据库构建

甲骨文数据库的构建为甲骨文的研究提供坚实的保证，也是甲骨文研究必备的数据基础。甲骨文字库的构建要具备以下几个特点：一是原始性，即数据库中的拓片具有原始性，最好是出土拓片的图片，这样能保证图片的真实性；二是正确性，数据库收录的拓片、字库、部首、字形等信息最好已经经过甲骨文专家的认证；三是全面性，构建的甲骨文数据能全面提供有关甲骨文的各方面信息，如甲骨字的部首、字形、所在的拓片、拓片的出土地、现存地、相关的研究文献等，以供研究人员使用；四是可共享性，构建的甲

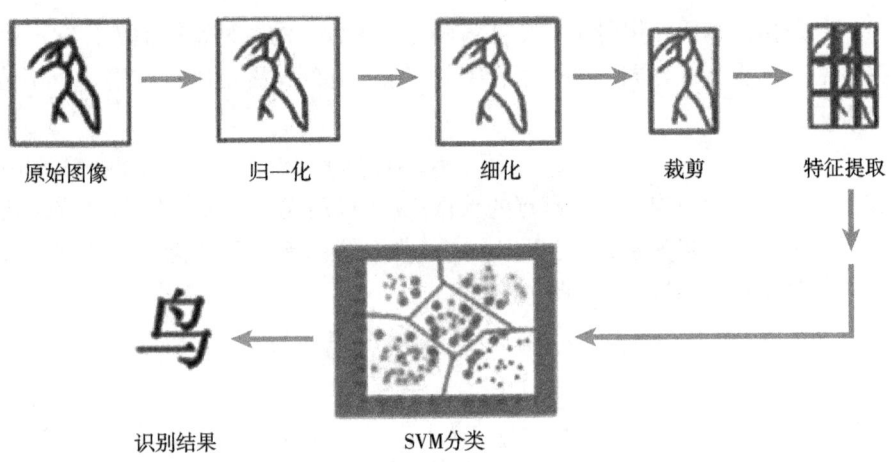

图 2-9　甲骨字识别步骤和识别结果

骨文数据库能提供给世界上任何地点的甲骨文研究专家使用；五是及时性，即构建的数据库要根据甲骨文的研究及时更新数据库中的信息，如新发现的拓片、新的研究文献、新的拓片缀合信息等要及时加入数据库中。

  2004 年，江铭虎等利用计算机信息处理技术构建了甲骨文资料库[14]，该资料库中包含了甲骨文字库、甲骨文知识库和句法分析、计算机甲骨文辅助辨识等信息。其中，甲骨文字库包含甲骨文字 3600 余个，并对可识读的约 1400 个甲骨文字进行了详细的计算机标注，其中包括专有名词 120 余个，这些甲骨文字全部可通过拼音输入，并可给出对应的现代汉语解释。甲骨文知识库和句法分析包含了甲骨文解释词典、甲骨文字对应的汉语解释、甲骨文的演示过程等信息，该信息是开放式的。计算机甲骨文辅助辨识系统可以帮助人们识别甲骨文的扫描印刷体等信息。2010 年，毛建军调查和分析了国内外甲骨文全文数据库的建设情况，并给出一些思考和建议[15]。2015 年，李志勇和高峰借鉴知网的构建体系，建立了一个融合甲骨文、现代汉语的语义数据库[16]。

2.1.4　甲骨文语义分析

  2012 年，袁冬等提出基于实例的甲骨文释文机器翻译方案，并构建一个机器翻译系统[17]。2015 年，高峰等首先构建一个融合甲骨文和现代汉语的语义知识库，然后通过可拓模型解决甲骨卜辞问题[18]。同年，熊晶等在文本挖掘的基础上，结合语义 Web 技术，将实体及其关系资源描述框架（Resource Description Framework，RDF）抽象化，并在生成的 RDF 集合中进行语义搜索，利用本体关系和推理挖掘 RDF 对象间显式或隐式的语义关系[19]。

2.1.5 甲骨拓片缀合

在甲骨文的研究工作中，缀合破碎的甲骨拓片是一种重要的准备过程。由于甲骨质脆，又经历了近 3000 年的岁月，所以在出土时多已裂成碎片。只有尽可能地将这些碎片缀合在一起，才能更好地了解卜辞的文例、位置和语法规律，更全面地研究卜辞的内容。现有的甲骨拓片约有 15 万片，这些信息为人们认识殷商的社会、生活等方面提供了重要的信息，也为人们理解甲骨文字系统、破译未识甲骨字的语义提供了大量的数据。完整的甲骨拓片是人们研究甲骨文字最重要和最本质的材料。然而，由于时代久远，挖掘的甲骨拓片损害比较严重，破碎的甲骨拓片给人们研究甲骨文带来了巨大的影响。因此，研究人员利用历史知识、甲骨类型、甲骨语法知识、位置信息等对破碎的甲骨拓片进行手工缀合。但是，利用手工方法缀合甲骨拓片十分费力。早在 1973 年，国外的学者首先利用计算机对甲骨拓片缀合做了尝试[20]，但并没有取得良好的结果。接下来的很长时间中，人们并没有对计算机的甲骨拓片缀合进行研究。

2010 年，王爱民等提出了基于甲骨拓片图像的轮廓信息的算法缀合甲骨拓片[20]。该算法首先提取甲骨拓片的边界片段。其次计算甲骨拓片的轮廓特征，甲骨拓片的轮廓即为甲骨拓片的形状。甲骨拓片的轮廓特征在整个缀合过程中起着重要的作用。在此算法中，王爱民等采用 Freeman 链码表示轮廓线段，并用傅里叶描述子计算轮廓片段的特征。最后计算不同甲骨拓片的匹配程度（或称为相似性）。如果两个甲骨拓片的匹配程度大于 0.8，那么这两个拓片应缀合在一起。不同甲骨拓片的匹配程度计算如下：

$$sim(F_s, F_d) = \sum_{i=1}^{FN} \frac{\min(F_s(i), F_d(i))}{\max(F_s(i), F_d(i))} \text{。} \quad (2-3)$$

其中，F_s 和 F_d 分别表示两个甲骨拓片的轮廓特征向量；FN 为特征向量的长度；$F_\tau(i)$ 表示第 i 个特征分量，$\tau \in (s, d)$，$sim \in [0, 1]$。

利用以上算法，王爱民等从《甲骨文合集》中已缀合的甲骨拓片入手，首先对拓片进行拆分；然后抽取拆分后的不同甲骨拓片的轮廓向量；最后计算不同拓片间的相似性，进而缀合甲骨拓片。实验证明，该算法具有一定的有效性。为了方便历史学家和古文字学家的使用，作者把此算法设计成友好的甲骨文缀合辅助系统（图 2-10）。

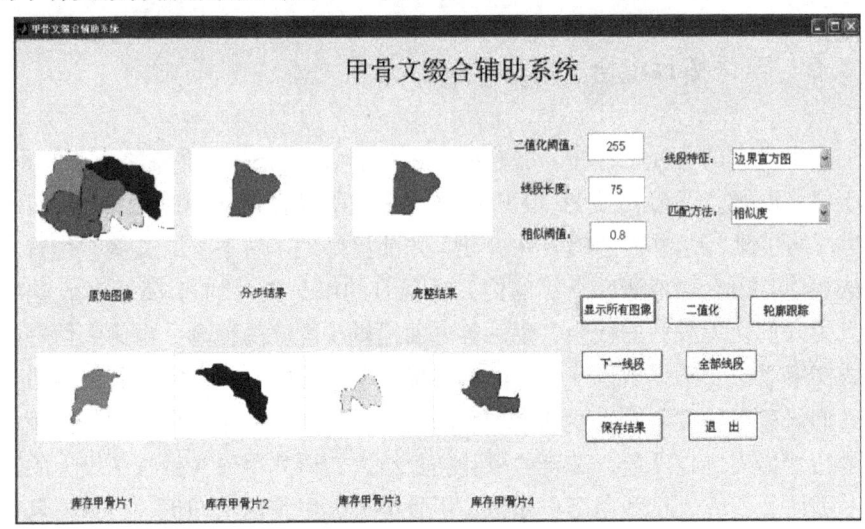

图 2-10　甲骨文缀合辅助系统界面

为了更好地研究甲骨拓片的缀合，王爱民等研究了甲骨碎片智能缀合的关键技术，并描述了甲骨碎片智能缀合的基本框架（图 2-11）[21]。除此之外，王爱民等还对龟甲类甲骨文碎片计算机辅助缀合进行了研究[22]，并给出了甲骨拓片缀合的一些原则，如基于位置数、碎片边界信息、碎片上文字笔画信息、碎片边界上文字信息等。

2.1.6　国际合作研究现状

国际合作上有少数的研究人员涉足计算机技术研究甲骨文的领域。2016年，Guo 等首先利用 Gabor 变换和稀疏表达提出一种层次表示（Hierarchical Representation）法，然后结合卷积神经网络（Convolutional Neural Network，CNN）识别甲骨字[23]。2016 年，Dress 等选择 60 个甲骨文动物字作为研究对象，通过提取这些甲骨字的特征向量，计算相似性距离，构建动物甲骨字的认知网络[24]。

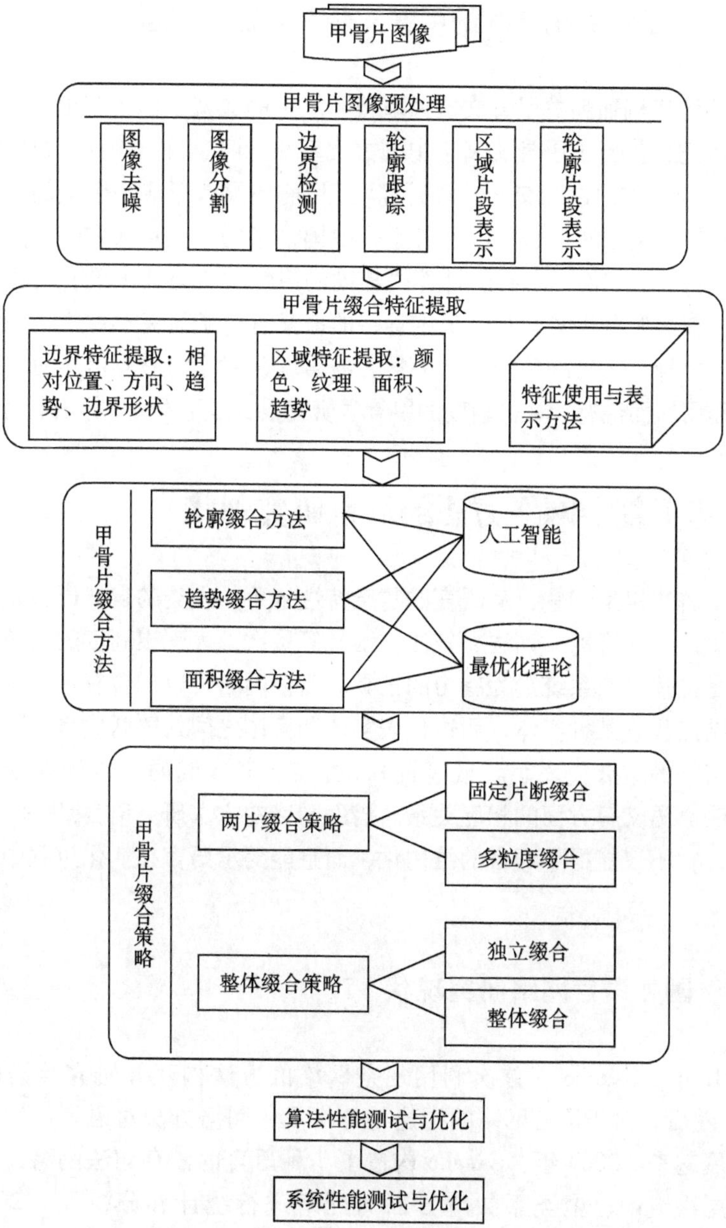

图 2-11 甲骨片智能缀合的基本框架

2.1.7 基于计算机技术的甲骨文研究存在的问题

虽然计算机辅助的甲骨文研究取得了一定的成就，但还有很多问题需要进一步研究：①由于甲骨文属于中国古文字和冷门学科，用计算机研究甲骨文更是"冷门中的边缘交叉学科研究"，目前还没有形成一个较为完善的甲骨文计算机语义预测模型；②甲骨文是中国最早的成文古典文献，其具有一定的系统特性，然而，现有的计算机辅助的甲骨学研究几乎没有考虑其复杂系统性；③虽然有些文献对已识甲骨字的语义进行了研究和探索，但还未涉及对未识甲骨字语义的预测；④甲骨文的语境、字体构形等信息对语义起着重要的作用，而现有计算机辅助的甲骨学研究很少涉足甲骨文语言特性。

2.2 基于复杂网络方法的语言研究现状

为了解决以上问题，从语言的复杂特性入手。人类的自然语言是典型的复杂系统，它在音韵、词法、句法、语义等层次都表现出高度的复杂性。复杂网络是描述复杂系统最为有力的工具。复杂网络可以用含有结点和边的图表示，结点代表某种实体，而边代表实体和实体之间的关联关系。在自然语言中，网络的结点代表字（或者词），边表示字（或词）之间在音韵、同现、句法、语义等方面的相互关系。借助网络的方法研究语言是一种新的研究视角，它不仅能揭示语言的结构化，而且能揭示语言在演化过程中的未知属性。

2.2.1 国外语言网络研究现状

2001年，Cancho等首次利用复杂网络的方法构建并研究英语同现网络[25]。随后，对于语言网络的构建与分析及用网络方法对语言认知的研究逐步发展起来。2004年，Cancho构造了3种语言的依存句法网络，并从度分布、层次组织、聚类系数等方面对网络进行统计和分析[26]。2005年，Steyvers等构建并分析了3种语义网络，并对它们进行网络特性上的对比分析[27]。除此以外，作者还提出一种语义网络增长模型。2009年，Cech等通过抽象单词原形和词形还原后词根构建了捷克语依存句法网络，分析发现不同的句法网络在整体上存在差异性[28]。2010年，Arbesman等通过构建并分析英语和西班牙语的音韵（Phonologically）相似性字网络发现：具有相同小构件（Islands）的西班牙字拥有相似的音韵和语义的相似性；在英语中，具有相同小构件的英语字只是拥有相似的音韵相似性[29]。依据网络中模块（Module，或称为社团）结构的理念，2013年，Siew使用模块挖掘算法，在已构建的音韵网络挖掘17个不同尺度的模块，并对大尺度社团和小尺度社团中的结点特性进行详细分析[30]。Siew的研究结果不仅仅是一种现象，更重要的是此现象能为计算机学家从计算的角度预测未识甲骨字的场景语义提供了思路。在复杂网络中，模块结构是一种重要的属性[31]。模块是网络的一个子网络，它要求模块中的结点紧密相连，而模块间的结点连接稀疏。以图2-12中的网络为例，根据模块的定义和模块挖掘算法，网络可以分为3个模块：结点1、2、3、4（简写为1—4）构成一个模块，结点5—7、结点8—12分别构成另外两个模块。模块结构的重要特点是模块内的结点具有相同的属性，利用此特点可以预测网络中未知结点的属性：假设图2-12表示的是一个甲骨字网络，在含有8—12结点的模块中，如果结点12的属性未知，而结点8—11描述的是殷商时代"婚娶"的场景语义，那么可以预测结点12也是用来描述"婚娶"的场景语义信息的。

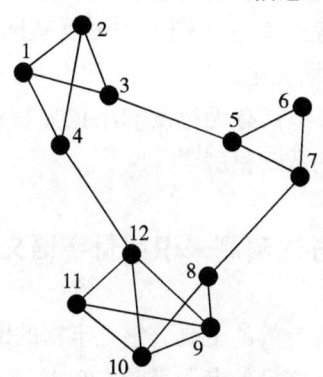

图2-12　一个含有12个结点和19条边的网络示意

2014年，Vitevitch等通过音韵词汇网络中结点度（Degree）信息对残缺的词汇进行了预测[32]。2015年，Margan等开发了专门针对语言网络构建和分析的工具包[33]。2017年，Dautriche等利用字之间的相邻音韵关系构建了音韵相邻网络（Phonological Neighborhood Network），通过分析发现，与随机网络相比，音韵网络有较高聚类系数和传递性[34]。

2.2.2 国内汉字语言网络研究现状

研究人员构建并分析了相应的同现、句法、语义等网络。同现网络可以理解为汉字在一个句子中的邻接关系。2005年,韦洛霞等根据词同现构建了汉语网络,并揭示网络的无标度特性[35]。2007年,刘知远等利用《人民日报》和人工分词语料库构建词共现网络,从聚类系数、小世界效应、无标度等特性对网络进行统计分析[36]。2012年,梁伟等构建了中国魏、金、南北朝时期的古汉字网络,并分析了小世界和无标度特性[37]。句法网络研究的是组成句子和成分之间部分与整体之间的关系。2008年,刘知远等利用句法标注树库,在依存句法基础上,构造了汉语依存句法有向网络[38]。2008年,刘海涛对20种语言的依存句法网络进行统计,发现相邻接的词只有50%左右具有相关特性,并认为依存句法构造语言句法网络是可行的[39]。2011年,陈芯莹等利用构件的句法网络统计了3个汉语虚词的相关特性[40]。与同现、句法网络不同,语义网络描述的是汉字之间的语义关系。刘海涛通过语义角色的标注,构建汉字的语义网络,并研究其整体特征[41]。除此之外,2014年,韩普等撰写综述文章回顾了语言网络的研究进展[42]。2014年,刘海涛研究组撰写综述文章回顾了利用复杂网络对人类语言建模的方法[43]。2014年,史玉明研究组通过构建和比较6种不同语言的有向和权重同现网络发现:6种网络都具有无标度和小世界特性[44]。2015年,赵怿怡等总结了语言网络研究的数学模型[45]。

2.2.3 复杂网络的方法预测未识甲骨字语义存在的挑战

网络是抽象复杂系统有效的工具,它把丰富的语言知识转化为简单的结点和边形式,进而储备大规模的专业甲骨文知识。不仅如此,网络能从系统的角度描述各种语言,从而使抽象的语言系统更加准确。因此,利用网络的方法可以预测未识甲骨字的语义,但还存在很多挑战需要我们深入地研究:第一,与现在的语言和古文字相比,大部分甲骨字的语义无法识别,因此,无法建立甲骨字的语义网络,并利用语义网络预测未识甲骨字的语义;第二,人们对甲骨文系统中的语法认知很少,无法利用已有的语法知识推理甲骨文语句的整体含义,也无法构建甲骨字的语法网络;第三,现有语言网络的研究更多倾向于网络特性的研究,而很少利用网络预测或推理未知属性;第四,虽然有少量的文献利用模块结构特性对语言网络进行探索,但还没有利用模块挖掘方法预测未识甲骨字语义的文献,更没有针对甲骨文字网络设计有效的模块挖掘算法的研究。

2.3 甲骨字网络的构建和特性分析

2.3.1 甲骨字网络的构建

在本小节中,以收集的72 151片甲骨文拓片为研究对象,已整理为电子格式(图2-13),进而通过建模构建甲骨字网络。由于甲骨拓片的历史久远,拓片的损坏比较严重,因此,在构建网络之前,对其进行相应的处理:第一,如果在一个拓片中,字和字之间有残缺的情况,用省略号代替;第二,除去没有甲骨字的拓片。通过以上的处理,最后共得到71 455片甲骨文拓片、6199个已识和未识甲骨字。

由于甲骨文系统是中国最早的文字系统,语言特性还处于萌芽的状态,因此,它和现有的成熟文字系统有很大的区别。第一,在甲骨文系统中,同一拓片的甲骨字描述了同一个场景(或称语义单元),如战争、天象、婚娶等。但也有可能存在不同拓片中的甲骨字描述不同时段的场景。第二,在甲骨文系统中,单音节词占多数,而复音节词较少。这也是古文字系统特有的属性。

为了构建甲骨字网络,需要定义甲骨字和甲骨字之间的相似性距离。由于甲骨文系统的同一场景或语义单元是以拓片为单位的,所以,如果在一个拓片中,两个甲骨字在 n 阶 Markov 链的条件下同时存在,则认为这两个甲骨字存在一条边。与刘知远等构建汉语网络不同[36],在这里,两个甲骨字之间定义了相应的权重。对于同一拓片上的两个甲骨字(这两个甲骨字可以是已识或未识的),它们分别用 i 和 j 表示,那么这两个字之间的距离为 w_{ij}。不仅如此,n 阶 Markov 链中 n 的取值在现代汉语中经常取为 $2^{[36]}$,因为现在的文字系统有大量的词语,而在甲骨文系统中很少有词组的出现。因此,在构建网络时,对于不同拓片,n 值选择为拓片上甲骨字的个数。计算如下:

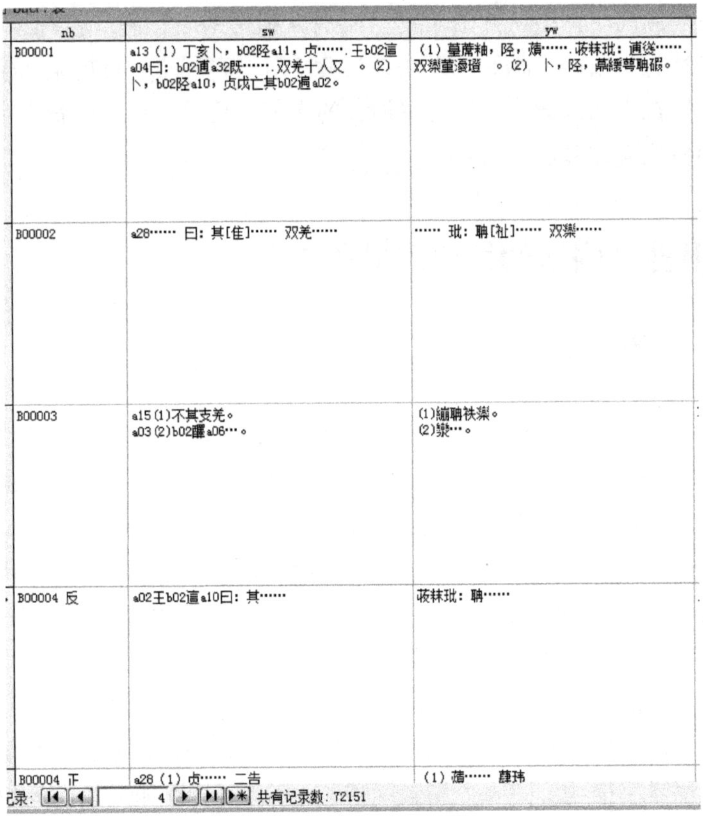

图 2-13 甲骨字拓片

第一列为甲骨字拓片的编号，第三列为甲骨字

$$w_{ij} = 10^{\frac{1}{\text{int } eral}} 。 \quad (2\text{-}4)$$

其中，

$$\text{int } eral = \begin{cases} l_j - l_i, & i \text{ 和 } j \text{ 之间无省略号} \\ \dfrac{\max(length)}{2} + (l_j - l_i), & i \text{ 和 } j \text{ 之间有省略号} \end{cases} 。 \quad (2\text{-}5)$$

其中，l_j 和 l_i 分别表示甲骨字 i 和 j 在拓片中的位置且字 j 在字 i 的后面。如果甲骨字 i 和 j 之间有省略号，即它们之间有残缺的甲骨字，那么参数 int eral 由两部分组成：一部分是 $\dfrac{\max(length)}{2}$，参数 length 是 71 455 片拓片中甲骨字的个数，$\max(length)$ 表示含有最多甲骨字拓片的长度；另一部分是 $l_j - l_i$。

对于所有的71 455片甲骨片，以6199个甲骨字为基础，构建6199×6199大小的相似性矩阵M（即权重网络）。首先，如果两个甲骨字i和j在同一甲骨片上出现，使用式（2-4）和式（2-5）进行计算，并把w_{ij}赋予M_{ij}处。其次，如果两个甲骨字在不同的拓片上出现，那么把这两个字在不同拓片上计算的相似性距离在同一个M位置上叠加。图2-14给出了计算相似性矩阵M的一个简单示意。图2-14中有两个拓片，共有9个甲骨字，以这9个甲骨字为基础，构建大小为9×9的相似性矩阵。例如，利用式（2-4）和式（2-5）计算甲骨字2和甲骨字4之间的距离，然后把w_{24}的值放在相似性矩阵M_{24}的位置上；如果两个甲骨字在不同拓片上同时出现，需要分别计算这两个甲骨字在不同拓片上的相似性距离，然后相加放在相似性矩阵对应的位置上，如图2-14中的甲骨字5和6，分别计算甲骨字5和6在拓片1和2上的距离w_{56}^1和w_{56}^2，然后把w_{56}^1和w_{56}^2相加放在相似性矩阵M_{56}的位置上。最后，依据71 455片拓片的信息，得到6199个甲骨字之间的相似性矩阵，这个矩阵共包含了160 964条有权重边。为了保证边信息能真实反映甲骨字之间的拓片信息，只保留了权重大于5的边，而删去权重小于5的边。其原因如下：①如果边的权重小于5，从式（2-4）和式（2-5）的定义可知，此条边连接的两个甲骨字不直接相邻，即不会构成复音节词；②由于构建甲骨字权重网络采用的是叠加方法，即两个甲骨字之间的权重是这两个甲骨字在71 455片拓片中计算的距离之和，如果边的权重小于5，说明此条边连接的两个甲骨字在71 455片拓片中计算的距离之和小于5，因此，这两个甲骨字用来描述同一个场景或语义单元的可能性很小。经过处理，本小节构建的甲骨字网络包含5474个已识和未识甲骨字及75 611条边。

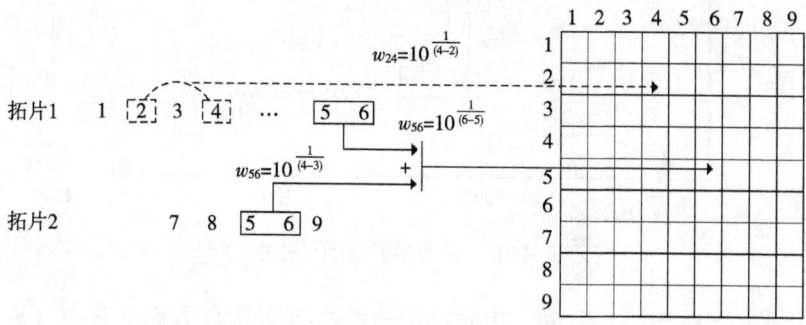

图2-14 甲骨字之间距离计算示意

本小节使用的构建甲骨字网络的方法具有 3 个创新点：一是在构建网络的过程中，充分利用了拓片在甲骨文系统中作为语义单元的信息，即拓片中的甲骨字不论是已识还是未识，根据式（2-4）和式（2-5）都可以构建它们之间的距离。因此，未识和已识的甲骨字出现在同一个网络中，这种现象为依据已识的语义信息破译未识甲骨字提供可能。二是构建网络的方法体现了甲骨文系统中单音节词较少的古文字特征。三是在构建网络的过程中赋予甲骨字之间相应的权重，有利于分析甲骨字之间的同现信息。

2.3.2 甲骨字网络特性分析

为了验证甲骨字网络是否具有真实网络的特性，本小节对构建网络的度分布、局部连接比率、聚类系数、模块度特性进行分析。

（1）度分布

一个结点的度是此结点的邻接结点的个数或者是结点连接边的条数。如果把结点度为 k 的数目占网络结点总数目的比例记为 $p(k)$，那么网络中不同度的统计分布即为度分布[46]。为了方便推断一个甲骨字在 71 455 片拓片中同时出现的信息，即一个甲骨字和其邻接甲骨字共同描述同一个场景或语义信息，把构建的权重网络简化为无权重的网络，然后计算度分布。在构建的网络中，甲骨字的度表现为甲骨字之间的权重值（或连接边的条数），而甲骨字之间权重分布表现为网络的度分布。图 2-15 给出了未识和已识甲骨字网络的度分布。

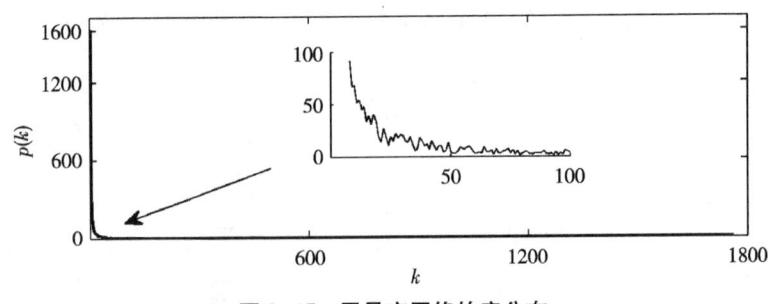

图 2-15 甲骨字网络的度分布

从图 2-15 中可以看到，甲骨字网络的度分布符合无标度分布（Scale-Free Distribution），无标度分布意味着网络中大部分结点度的取值较小，但是会有少数结点度的取值非常大。在甲骨字网络中，一方面，大部分甲骨字的度值比较小,例如,度值小于10的甲骨字(即此甲骨字有10个相邻甲骨字)占总甲骨字的比例为76.6%,而度值小于17、度值小于50的甲骨字占总甲骨字的比例分别为82.1%、91.1%。在甲骨文字系统中,较小的度值代表描述同一个场景或语义单元所需的甲骨字也较少。另一方面,有少数的甲骨字有很大的度值,如甲骨字"卜"和"贞"之间的权重高达203 756,假设这两个甲骨字直接相连,那么"卜"和"贞"在71 455片拓片中至少出现20 375次。不仅如此,"卜"和其他甲骨字的度值也较大。通过相关的文献我们得知:在甲骨字系统中,单音节名词占大多数,而动词占少数,并且在动词中,祭祀动词占多数。[47]"卜"字是常用的动词,经常和其他名词相连使用,因此,"卜"字具有较大的度值。从以上分析也可以看出,构建的甲骨字网络能充分反映甲骨文系统的语言信息。

(2)局部连接比率

局部连接比率(Local-Links-Rate,LLR)是一种衡量网络局部特性的指标[48]。由于网络中的边信息比结点信息更能反映网络的各种特性,因此,LLR的定义是基于网络的连接信息的,而不是结点信息。对网络中任意一条边 e,设被它连接的两个结点为 n_1 和 n_2。首先计算这两个结点的共同邻接结点个数(Common Node,CN);然后统计共同邻接结点之间存在的边数(Local-Links);最后计算局部连接比率 LLR。计算如下:

$$LLR = \frac{|local-links|}{CN}。 \qquad (2-6)$$

图2-16给出了计算 *LLR* 的实例。对于图2-16中的一条实线边,连接

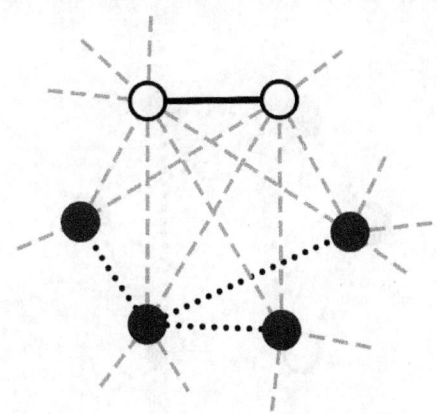

图2-16 局部连接比率计算示意

它的两个结点（中空结点）共享 4 个结点（实心结点），这 4 个结点之间存在 3 条边（点形边）。因此，实线边的 *LLR* 值为 3/4。如果一个网络的平均 *LLR* 大于 2，那么这个网络有较强的局部特性。通过计算，甲骨字网络的 *LLR* 值高达 26.6787，说明甲骨字网络具有很强的局部特性，即描述同一个场景（或语义单元）的甲骨字在甲骨字网络中相互之间连接的边较为稠密。

（3）聚类系数

对于无权重网络，聚类系数是用来描述一个结点的直接相邻结点之间的边的连接情况[49]，它的定义如下：

$$CC_i = \frac{e_i}{U_i \times \frac{1}{2}(U_i - 1)} \quad (2-7)$$

其中，U_i 表示结点 i 的邻接结点数；e_i 表示 U_i 个邻接结点之间存在的边数。

对于有权重的网络，计算聚类系数比较复杂。在这里使用无权重网络下的聚类系数，主要是因为两种类型的聚类系数的定义对于衡量网络的特性不会带来本质的影响[50]。图 2-17 给出了计算结点聚类系数的实例。对于图 2-17 中的中空结点，它有 5 个邻接结点（实心结点），这 5 个结点之间共有 7 条边（点形边），那么中空结点的聚类系数为：$\frac{7}{5 \times \frac{1}{2}(5-1)} = 0.7$。

一个网络的聚类系数是网络中所有结点聚类系数的平均值。通过计算得出甲

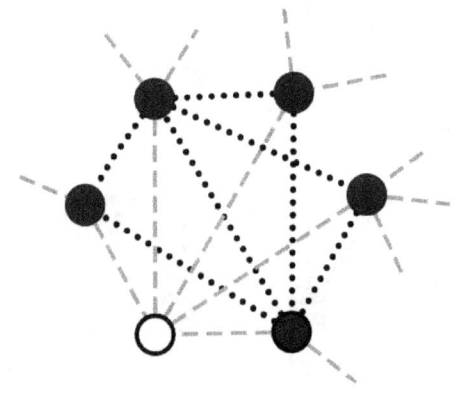

图 2-17 聚类系数计算示意

第二章 甲骨字网络及其社团结构

骨字网络的聚类系数为 0.5944。较高的聚类系数意味着结点的邻接结点之间存在较高程度的交互关系，即这个结点和其邻接结点更稳固地聚集成模块结构[51]。在甲骨字网络中，较高的聚类系数意味着一个甲骨字和其邻接的甲骨字参与描述同一场景或语义单元的概率较高。

（4）模块度

模块（Module，或称社团）结构是复杂网络的一个基本特性，也是复杂网络研究的重点内容。模块是网络的一个子集，它要求模块中结点之间的边连接紧密，而不同模块之间结点的边连接稀疏。模块内的结点具有相似的属性，依据这一特点，模块结构已在很多领域取得了成功的应用。例如，在蛋白质相互作用网络中，功能相似的蛋白质在网络中往往以模块的形式存在，因此，通过挖掘模块结构可以预测未知蛋白质的功能；在人类社会中，人以类聚是模块结构在社会网络中的真实反映；社会学家可以利用模块结构研究人们的心理行为、兴趣爱好等。通过构建包含已知和未知语义的甲骨字网络，在此基础上分析此网络是否具有模块度特性，进而利用模块内结点的属性，可以预测同一模块内未知甲骨字的语义信息。

模块度（Modularity）不仅是一种用来挖掘网络中模块结构的方法，还是一种用来衡量网络是否具有模块结构的标准[52]。虽然基于模块度的方法具有"模块分辨率"（Resolution Limit）的缺陷[53]，但它仍然被广泛用于判断一个网络是否具有模块结构的评价标准。利用模块度方法对甲骨字网络进行分析，得到的模块度值为 0.2921。根据文献我们得知，如果一个网络的模块度大于等于 0.3，说明这个网络具有很强的模块特性[54]。另外，从局部连接比率和聚类系数可以看出，构建的甲骨字网络具有较强的局部特性。综上所述，甲骨字网络具有良好的模块结构属性，这种属性为通过识别模块结构进而破译未知甲骨字的语义提供了直接数据和理论上的依据。

2.3.3 小结

作为一个新的研究方向，语言网络正在悄然兴起，并取得了一些有意义的结果[42]。本研究第一次使用大规模的拓片信息创新性地构建了甲骨字网络，其主要表现在以下 3 个方面：一是构建的网络充分捕捉了甲骨文系统的语义单元信息；二是构建网络的方法保留了甲骨文系统单音节词多、复音节词少的特性；三是构建的网络中边权重反映了甲骨字之间的同现关系。

在甲骨字网络上，深入研究了网络的度分布、局部连接比率、聚类系数和模块结构特性。本节构建的甲骨字网络可为网络甲骨学家和历史学家预测未知甲骨字的场景与语义提供数据支持及直接的研究理论思路。但是，本研究还存在一些不足之处需要进一步研究：第一，式（2-5）中参数 *length* 的选取具有不合理性，*length* 表示的是同一拓片上两个甲骨字之间残缺字的个数，因此，*length* 的值不能设置过大。如何利用甲骨文字系统选取 *length* 的值是需要进一步研究的问题。第二，破译未知甲骨字的语义是甲骨学研究的重要内容，因此，另外一个不足之处是本节既没有利用构建的网络破译已识甲骨字的一些偏旁部首的可能含义，也没有依据已识甲骨字推断未识甲骨字或其偏旁部首的可能含义。如何设计一个高效算法推断未识甲骨字或其偏旁部首的可能含义是下一步重点研究的内容。

2.4　未识甲骨字场景语义预测

依据构建的甲骨字网络，对未识甲骨字的场景语义进行预测。由于 2.3 节设置的 *length* 参数具有不合理性，因此，这里设置 *length* 参数为 2。在本节中，首先对未识甲骨字的特征进行分析，然后预测未识甲骨字的场景语义。

2.4.1　未识甲骨字的重要性

首先对未识甲骨字是否值得进一步研究进行了探索。由于使用甲骨字网络抽象甲骨文系统，因此，需要对未识甲骨字在甲骨字网络中对应结点的重要性进行研究。在复杂网络中，介数中心性（Betweeness Centrality，BC）是一种结点重要性的指标[55]，它以经过某个结点的最短路径的数目来刻画结点的重要性：

$$BC_i = \sum_{s \neq i \neq t} \frac{n_{st}^i}{g_{st}}, \qquad (2-8)$$

式中，g_{st} 表示从结点 s 到结点 t 的最短路径的数目，n_{st}^i 为从结点 s 到结点 t 的

g_{st} 条最短路径中经过结点 i 的最短路径的数目。为了计算未识甲骨字在甲骨字网络中的重要性,首先计算所有甲骨字的介数中心性;然后对所有甲骨字中心性值进行排序,排序后的结果为 S_{BC};最后选出排名前 N_S 的结点,计算 N_S 中未识甲骨字所占比例 P_S。P_S 计算如下:

$$P_S = \frac{\sum_{r=1}^{N_S} \theta(i)}{N_S}, \qquad (2\text{-}9)$$

式中,当甲骨字 i 为未识字时,θ 取值为 1,否则取值为 0。

图 2-18 表示的是当 $N_S = \{50, 100, 200, \cdots, 1500, 1600\}$ 时(由于已识甲骨字的个数为 1602,所以,N_S 的最大值设置为 1600),未识甲骨字在 BC 值上的 P_S 值。从图 2-18 中可以看到,当 $N_S = 50$ 时,P_S 在 BC 上的值为 10%,即前 50 个甲骨字中,仅有 5 个字是未识甲骨字;当 $N_S = 100$ 时,P_S 在 BC 上的值为 13%,即前 100 个甲骨字中,仅有 13 个字是未识甲骨字。随着 N_S 值的增大,P_S 值也逐步增大。当 $N_S = 1600$ 时,P_S 值为 52.06%,其结果意味着未识甲骨字的重要性甚至大于已识甲骨字。因此,未识甲骨字语义预测对重新认识甲骨文系统、殷商文化及古代史都有重大意义。

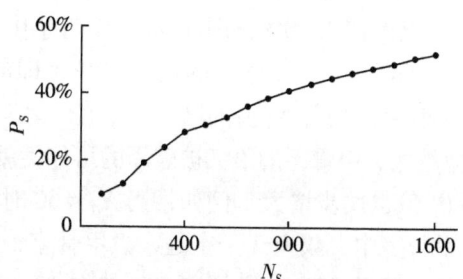

图 2-18 未识甲骨字在 BC 上的 P_S 值

2.4.2 未识甲骨字信息丰富度

拓片是甲骨文字系统存在最为有力的载体,也是计算甲骨学家能够获取的最直观数据,它构成了甲骨文系统的基本语义单元。甲骨文拓片中字与字之间的相互关联信息是预测未识甲骨字的重要信息。本研究构建的甲骨字网络以原始拓片为基础数据,通过抽象同一拓片中字 i 与字 j 之间的前后顺序定义它们之间的距离,而字 i 和字 j 之间的权重通过它们在不同拓片中形成的距离叠加得到。因此，我们构建的甲骨字网络不仅能反映字与字之间的语境信息，而且能反映字与字之间在不同拓片中出现的次数。

如果一个未识甲骨字在所有拓片中出现次数较多，并且所在的拓片中含有的甲骨字较多，那么此未识甲骨字的语义被预测的可能性较大：因为它在甲骨文系统中包含的信息丰富。在甲骨字网络中，未识甲骨字的信息丰富度表现为结点 i 的强度 S 和与此结点相连并且权重大于 0 的个数 U：

$$S_i = \sum_{j=1}^{N} w_{ij}; \qquad (2\text{-}10)$$

$$U_i = \sum_{j=1}^{N} \delta(w_{ij})。 \qquad (2\text{-}11)$$

式中，N 表示网络矩阵 M 的结点个数；w_{ij} 表示结点 i 和 j 之间的权重值；当 w_{ij} 大于 0 时，δ 取值为 1，否则取值为 0。

依据 S 和 U 的定义，我们采用以下两步对未识甲骨字的信息丰富度进行分析。第一，计算所有结点的 S 值和 U 值；第二，对结点的 S 值和 U 值进行排序，取出排名前 N_S 个结点，计算 N_S 中未识甲骨字所在的比例 P_S。图 2-19 表示的是当 $N_S = \{50, 100, 200, \cdots, 1500, 1600\}$ 时，未识甲骨字在 S 值（图 2-19a）和 U 值上（图 2-19b）的 P_S 值。从中可以看到，当 $N_S = 50$ 时，P_S 在 S 值上的值为 10%，即前 50 个甲骨字中，仅有 5 个字是未识甲骨字；当 $N_S = 100$ 时，P_S 在 S 值上的值为 17%，即前 100 个甲骨字中，仅有 17 个字是未识甲骨字。随着 N_S 值的增大，P_S 值也逐步增大。从以上可以看到，甲骨字的 S 值越大，甲骨字的语义被破译的可能性就越大。对于 U 值，随着 N_S 值的增大，P_S 值也逐步增大。例如，当 $N_S = 50$ 时，P_S 在 S 值上的值为 6%，即前 50 个甲骨字中，仅有 3 个字是未识甲骨字；当 $N_S = 100$ 时，P_S 在 S 值上的值为 12%，即前 100 个甲骨字中，仅有 12 个字是未识甲骨字。

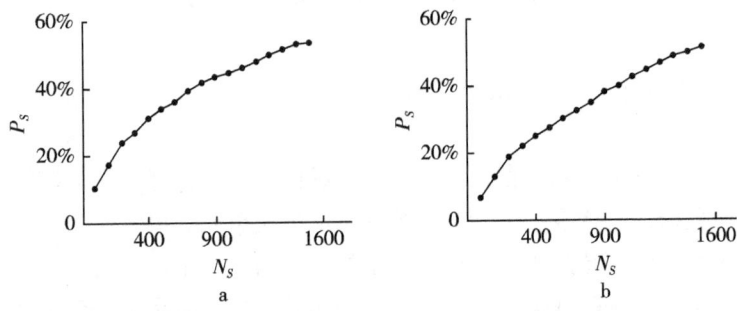

图 2-19　未识甲骨字在 S 值和 U 值上的 P_S 值

从 U 值可以看到,与 S 值相比,U 值在破译甲骨字语义方面起着更重要的作用。综上分析,甲骨字的信息丰富度在预测甲骨字语义方面具有重要的支持作用,而一些未识甲骨字(具有较大的 S 值和 U 值)的可用信息足以提供必要的数据来预测它们的语义。

2.4.3 未识甲骨字的闭合性

在 2.4.2 节中分析了一个甲骨字与其他甲骨字之间在不同拓片出现的情况(U 值)及不同拓片同时出现的强度(S 值),这些结果为破译未识甲骨字的语义提供了重要的信息。但是这些信息只是从模糊的角度反映未识甲骨字语义推理的重要性。例如,一个未识甲骨字 i 有较大的 S 值和 U 值,而与字 i 相连的都是未识甲骨字(可标记为 $\{i_1, i_2, \cdots, i_n\}$)。由于甲骨字 $\{i_1, i_2, \cdots, i_n\}$ 的语义是未知的,因此我们也无法从 $\{i_1, i_2, \cdots, i_n\}$ 中获取有用的信息进而预测字 i 的语义。同样,对于一个具有较大 S 值和 U 值的已识甲骨字 j,与字 j 相连的都是已识甲骨字(可标记为 $\{j_1, j_2, \cdots, j_m\}$),那么字 j 也无法为破译未识甲骨字提供有用信息。这种现象我们称为甲骨字的闭合性。一个未识甲骨字的闭合性的绝对值越大,被破译的可能性越小;一个已识甲骨字的闭合性的绝对值越大,此字为破译其他未识甲骨字提供的信息越少。从式(2-12)中可以推出:如果一个未识甲骨字 i 与其他已识甲骨字连接的权重越小,而与其他未识甲骨字连接的权重越大,C_i 的负值就越小,$|C_i|$ 绝对值就越大;如果一个已识甲骨字 j 与其他已识甲骨字连接的权重越大,而与其他未识甲骨字连接的权重越小,C_j 的值就越大。总之,在甲骨文字系统,如果已识甲骨字的 C_j 值和未识甲骨字的 $|C_i|$ 值较大,对破译未识甲骨字语义的困难性就越大。对于一个未识甲骨字 i,如果它的 C_i 值越大,说明此字与已识甲骨字连接较为紧密,可用信息越多,破译的可能性越大。C_i 计算如下:

$$C_i = \log_2 \left(\frac{\sum_{h=1}^{N_n} w_{ih}}{\sum_{k=1}^{U_n} w_{ik}} \right), \tag{2-12}$$

式中,C_i 表示甲骨字 i 的闭合系数,N_n 和 U_n 分别表示已识和未识甲骨字的个数,w_{ih} 和 w_{ik} 分别表示甲骨字 i 与已识和未识甲骨字连接的权重。由于连接的权重和值较大，对其取对数。

在图 2-20 中，与甲骨字 1 相连的甲骨字共有 5 个，分别为甲骨字 2、3、4、5、6，它们与甲骨字 1 的权重分别为 30、90、60、20、10，如果甲骨字 2、3、4 为已识甲骨字，甲骨字 5、6 为未识甲骨字，那么甲骨字 1 的闭合系数 C_1 为 $\log_2((30+90+60)/(20+10)) = 2.585$。

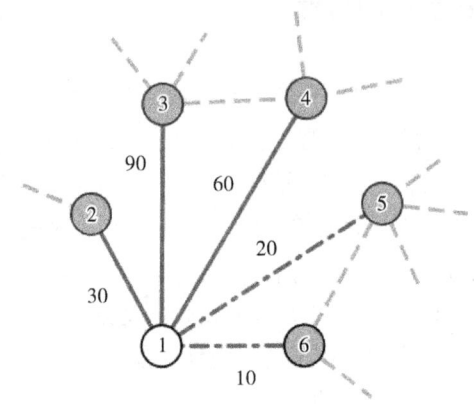

图 2-20 闭合系数计算示意

图 2-21 给出了已识甲骨字和未识甲骨字的 C 值。需要注意的是，在计算 C 值时，如果分子和分母的其中一项为 0，我们不计算此字的 C 值。通过筛选，我们共得到已识甲骨字 1397 个，未识甲骨字 3367 个。从表 2-1 中可以看到，对于已识甲骨字，有 2.79%（共 39 个）的甲骨字的 C 值小于 0，即这些甲骨字与未识甲骨字连接紧密；有 0.21%（共 3 个）的甲骨字的 C 值等于 0，说明这些甲骨字与已识甲骨字和未识甲骨字连接的权重相等；对于 C 值较大（大于 4）的甲骨字仅占到所有已识甲骨字的 5.94%（共 83 个）；大部分（91.05%，共 1272 个）的已识甲骨字的 C 值分布在 0~4。通过以上分析可得：已识甲骨字并没有较强的闭合性，可以为未识甲骨字语义的预测提供重要的可用信息。对于未识甲骨字，C 值小于等于 0 的甲骨字共有 234 个，而 C 值分布在 0~4 的共有 2863 个（占 85.03%）。与已识甲骨字连接紧密而与未识甲骨字连接稀疏（即 C 值大于 4）的未识甲骨字共有 270 个。与已识甲骨字一样，未识甲骨字的闭合性较弱，这为我们预测未识甲骨字的语义提供了重要的理论和数据上的依据。特别对于具有较大 C 值的 270 个未识甲骨字是我们需要破译的首要目标。

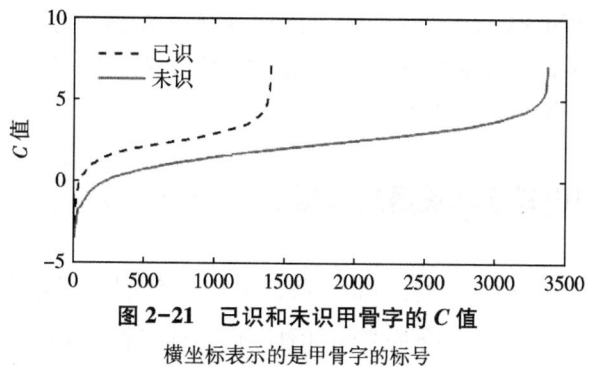

图 2-21　已识和未识甲骨字的 C 值

横坐标表示的是甲骨字的标号

表 2-1　不同 C 值下已识和未识甲骨字的个数及比例

	$C<0$	$C=0$	$C=(0\sim4)$	$C>4$
已识甲骨字	39（2.79%）	3（0.21%）	1272（91.05%）	83（5.94%）
未识甲骨字	221（6.56%）	13（0.39%）	2863（85.03%）	270（8.02%）

闭合性为我们预测那些未识甲骨字的语义提供了重要的数据支持，因为这些未识甲骨字与已识甲骨字紧密相连，并且在不同的拓片中多次出现，并构成相对完整的语义单元。更进一步，我们对已识甲骨字进行模糊的分类：连接性甲骨字和非连接性甲骨字。连接性甲骨字在整个拓片中起着"连接"的作用，如"卜"字，它的出现表明此拓片是用于占卜的，对于预测未识甲骨字的语义提供的信息较少。另外，"卜"字在所有的拓片中共出现了至少 20 375 次[56]，能够提供的可用信息非常少。由于这些甲骨字较高的 U 值，我们去掉了 U 值排名前 100 的甲骨字，然后计算已识和未识甲骨字的闭合性 C 值。图 2-22 给出了已识和未识甲骨字的闭合系数，从中看到，没有

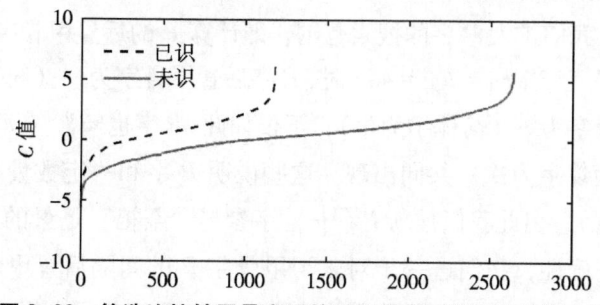

图 2-22　筛选连接性甲骨字后的已识和未识甲骨字的闭合性

横坐标表示的是甲骨字的标号

出现有较高 C 值的已识甲骨字；没有出现具有较高 $|C_i|$ 值的未识甲骨字。因此，已识和未识甲骨字都不具有很强的闭合性，我们可以利用已有的拓片数据信息预测未识甲骨字的语义。

2.4.4 未识甲骨字场景语义预测

通过对未识甲骨字的特征分析，我们对甲骨字 㞢（标记为 P）（异形体为 㞢, 㞢, 㞢）的场景语义进行预测。此字具有较大的重要性、信息丰富度和闭合性（在未识甲骨字中最大）。为了充分利用甲骨拓片的上下文信息，我们首先对未识甲骨字 P 的前置甲骨字 B 出现的次数 F_B、间隔前置甲骨字 B_i 出现的次数 F_{B_i}、后置甲骨字 A 出现的次数 F_A、间隔后置甲骨字 A_i 出现的次数 F_{A_i} 进行计算；其次对 F_B、F_{B_i}、F_A、F_{A_i} 进行排序；最后筛选 B、B_i、A、A_i 为已识甲骨字的情况下，F_B、F_{B_i}、F_A、F_{A_i} 的值。通过计算发现，当 F_B 为 1889（最大值）时，甲骨字 B 为 㞢（简体字为受），说明甲骨字 P 与 B 经常联合出现。根据甲骨文语法知识[57]，甲骨字 B 后应与名词联合使用。因此，我们推测未识甲骨字 P 的词性应为名词。我们进一步对 F_A 进行分析，当 F_A 为最大（1676）时，甲骨字 A 为 㝵（简体字为于）。同样，根据甲骨文语法知识，我们知道 㝵 的前面经常与名词连用，因此，我们推测未识甲骨字 P 词性为名词。

为了预测未识甲骨字 P 的场景语义，我们对 F_B 值的前置甲骨字 B 进一步分析：当 $F_B=531$ 时，前置甲骨字 B 为 㞢（简体字为牢）。㞢 字在甲骨文系统中用来表示圈起来饲养家禽[58]。那么，㞢 字是否与家禽及一些动物有关？接下来，我们扩大 P 字的搜索范围，即计算 P 的后置甲骨字 F_A 和间隔后置甲骨字 F_{A_i}。当 $F_A = F_{A_i} = 455$ 时，P 字后置甲骨字为一（简体字为一）、间隔后置甲骨字为 㞢（简体字为牛）；不仅如此，P 字也经常（$F_A=241$）和甲骨字二（简体字为二）共同出现。这些说明 P 字和一定数量的家禽共同使用（或出现），由此我们推断 P（㞢）字参与"祭祀"场景的描述。为了验证推断的正确性，我们进一步对未识甲骨字 P 的间隔后置甲骨字进行分析：当 $F_{A_i} = 336$ 时，P 字和甲骨字 㞢（简体字为祖）共同出现。通过分析，我们预测未识甲骨字 P（㞢）用于"祭祀祖先"场景语义的描述。不仅如此，P（屮）字和后置甲骨字疒（简体字为疾）联合使用（$F_A = 226$）。以上数据说明，未识甲骨字屮主要用于描述"祭祀祖先"的场景，并在祭祀的同时祈祷先人保佑后人的健康。F_B、F_{B_i}、F_A、F_{A_i}的计算如下：

$$F_B = \sum_{t=1}^{T_N} \gamma_B(w_{PB}) ; \qquad (2-13)$$

$$F_{B_i} = \sum_{t=1}^{T_N} \gamma_{B_i}(w_{PB_i}) ; \qquad (2-14)$$

$$F_A = \sum_{t=1}^{T_N} \gamma_A(w_{PA}) ; \qquad (2-15)$$

$$F_{A_i} = \sum_{t=1}^{T_N} \gamma_{A_i}(w_{PA_i}) 。 \qquad (2-16)$$

式中，T_N表示所有甲骨拓片的个数，当w_{PB}和w_{PA}为10时［可由式（2-4）和式（2-5）推理］，γ_B和γ_A取值为1，否则取值为0；当w_{PB_i}和w_{PA_i}为$\sqrt{10}$时［可由式（2-4）和式（2-5）推理］，γ_{B_i}和γ_{A_i}取值为1，否则取值为0。

2.4.5 小结

为了破译未识甲骨字的语义，我们从复杂系统的角度出发，利用复杂网络抽象和捕捉甲骨拓片的语义信息，进而构建甲骨字网络。在甲骨字网络之上，研究了未识和已识甲骨字的网络特性：重要性、信息丰富度和闭合性。未识甲骨字的网络特性为预测未识甲骨字的语义提供数据支撑。通过融合网络特性和拓片的上下文语境预测未识甲骨字的场景语义。本研究构建的未识甲骨字网络特性及语义预测思路为破译其他未识甲骨字的语义提供了重要的研究方法，预测结果可有效地促进甲骨学的发展。

2.5 甲骨字网络中的社团结构

2.5.1 社团结构识别算法

社团中的结点具有相似的属性这一特征可以为预测未识甲骨字的语义提供坚实的基础。然而，识别甲骨字网络的社团需要设计合理的算法，因为甲骨字网络的社团具有其特殊性：一是描述场景语义所使用的甲骨字个数较少；二是同一个甲骨字可能会参与不同场景语义的描述。甲骨文字系统的两个特点在复杂网络中的表现为：一是甲骨字网络中的社团尺度较小，社团中含有的结点较少；二是甲骨字网络中的结点具有一定的重叠性。这些特性说明，甲骨字网络的模块结构具有很强的局部网络性质。

ClusterONE（Clustering with Overlapping Neighborhood Expansion）算法是识别网络中重叠且较小社团的算法[59]。实验验证，ClusterONE 算法与其他算法相比具有良好的性能。ClusterONE 算法首先定义了凝聚度函数 $f(V)$：

$$f(V) = \frac{w^{in}(V)}{w^{in}(V) + w^{bound}(V) + p(V)}。 \qquad (2-17)$$

其中，$w^{in}(V)$ 表示社团 V 中所有结点内部权重之和；$w^{bound}(V)$ 表示社团 V 中结点与网络中其余结点相连边的权重之和；$p(V)$ 是一个惩罚系数。根据凝聚度函数，ClusterONE 方法通过迭代实现社团的识别。具体过程如下：第一步，初始化社团 V_0，V_0 包含的结点个数为 0，并令 $t=0$，计算社团 V_t 的凝聚度函数 f_t；第二步，选择一个不在社团 V_t 中的剩余结点加入社团 V_t 中，得到社团 V_{t+1}，并计算其凝聚度函数 f_{t+1}，如果 $f_{t+1} > f_t$，则重复第二步，如果 $f_{t+1} < f_t$，则停止合并，形成一个社团；第三步，选择一个不在社团中的结点开始下一个社团的形成；第四步，合并模块之间重叠较大的模块，得到最终的结果。图 2-23 给出了 ClusterONE 算法识别的社团结构示意。ClusterONE 算法代码可以在网络 http：//www.paccanarolab.org/cluster-one/上下载，也可以用嵌套在 Cytoscape 软件中的 ClusterONE 工具，使用方法如图 2-24 所示。

2.5.2 甲骨字网络中的社团分析

在本小节中，使用嵌套在 Cytoscape 软件中的 ClusterONE 算法对甲骨字网络的社团结构进行分析。含有 5474 字的甲骨字网络被划分成 1393 个社团，其中最大的社团含有 1553 个甲骨字，其余的社团含有的甲骨字分别在 4~50 个，其中 3 个社团含有的甲骨字在 100 个左右。在分析社团时，除去最大的社团，即包含 1553 个甲骨字的社团。

对社团尺度为 4~50 个字的社团进行着重的分析，通过分析发现，一些社团的甲骨字描述了"打猎"事件，进一步研究发现：①描述"打猎"的

第二章
甲骨字网络及其社团结构

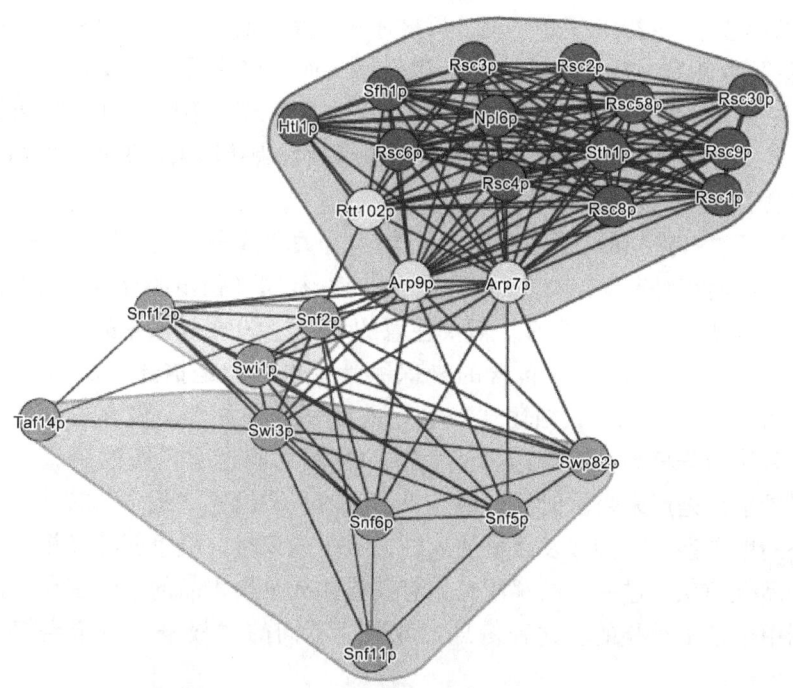

图 2-23 ClusterONE 方法识别的社团结构
每一种颜色的结点表示一种社团，中间浅色结点表示重叠的社团

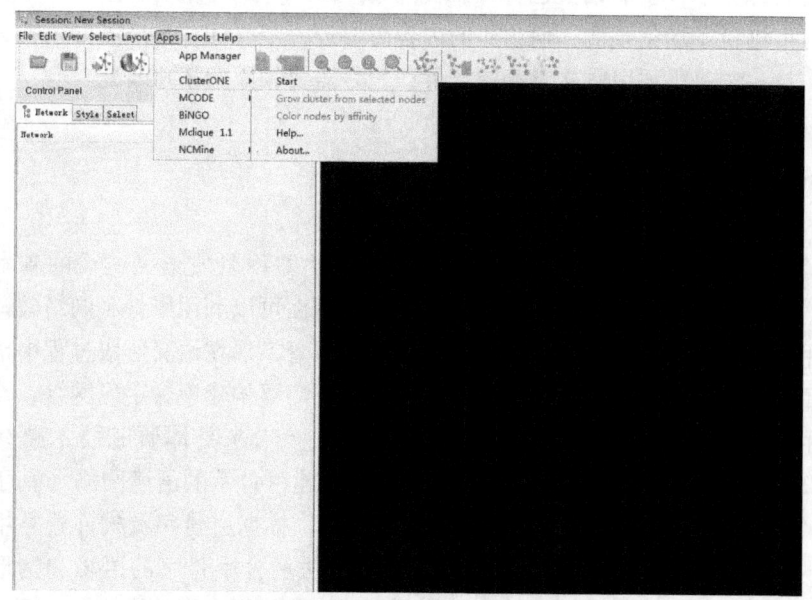

图 2-24 ClusterONE 算法使用示意

甲骨字极少，7~20个甲骨字就可以描述一场完整的"打猎"事件；②描述"打猎"事件的一些社团存在重叠甲骨字，而这些甲骨字主要表示的是时间、地点、猎物的数量，未重叠的甲骨字主要体现在不同"打猎"场景下的人名、猎物的种类、打猎的工具等。这些发现为认识未识甲骨字的场景语义提供了直接的推测数据。

除了"打猎"的社团之外，还分析了有关"战争"的社团，描述"战争"的社团相对来说比较多，共涉及约50个社团（初步的分析，更加详细的数据需要甲骨文专家考证。需要注意的是，这50个社团中的大部分甲骨字是已识的，其他社团中包含的未识甲骨字也可能是描述"战争"的）。与"打猎"社团相比，描述"战争"的社团更加详细，包含的甲骨字更多。具体的分析为：①描述"战争"的社团之间也有重叠的甲骨字，这些甲骨字也是用来表示时间、地点等信息的；②描述"战争"的社团中未重叠的甲骨字，可能涉及战争的人物、战争的策略、战争前的祭祀、战争祭祀品等信息。进一步的预测是，有关描述战争祭祀品的甲骨字在不同的社团中也是不重叠的，这种信息意味着，不同的"战争"对于当权人的意义不同。

通过分析，挑出了一些能预测未识甲骨字的社团，共有6个。这些社团中的大部分甲骨字的语义已知，而有少数（1~5个）未识甲骨字。对这些甲骨字进行了场景预测，但预测的内容需要进一步验证：一是需要相关文献的支持；二是需要甲骨文专家的认可；三是需要和原始拓片匹配。

2.6 未来工作

甲骨文拓片是甲骨学研究的基础材料，也是甲骨文语义构成的基本单元。因此，利用拓片数据构建甲骨字网络，进而可以利用甲骨字网络破译未识甲骨字的语义。除了甲骨拓片数据之外，甲骨字形在语义形成过程中也起着重要的作用。为了更好地破译甲骨字语义，需要构建甲骨字形网络，然后与甲骨字拓片网络相互融合，进而破译语义。未来具体研究技术路线如图2-25所示。首先，利用甲骨文拓片信息构建甲骨字的语境网络（基于拓片的甲骨字网络构建过程见2.3.1节）；其次，根据甲骨字及构件建立甲骨字的构形网络；再次，使用相似网络融合方法融合甲骨字的语境和构形网络；最后，通过设计高效的模块结构识别算法分析甲骨字的模块，进而预测未识甲骨字的场景语义。

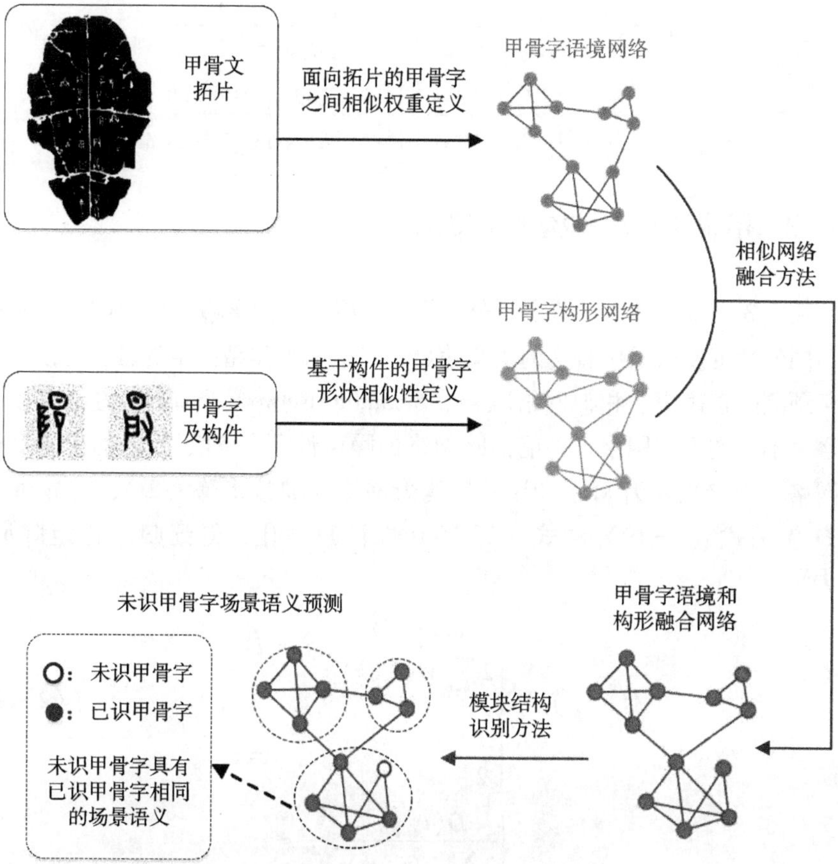

图 2-25 未来具体研究技术路线

2.6.1 基于关键构件的甲骨字构形网络

构件是甲骨字构形和语义形成的重要依据。根据不同甲骨字构件之间的重叠度定义甲骨字的距离。如果有两个甲骨字 i 和 j，它们相应的构件集合分别为 $\{i_1, i_2, \cdots, i_m\}$ 和 $\{j_1, j_2, \cdots, j_n\}$，并且每个甲骨字关键构件为 $\{i_x, i_{x+1}, \cdots, i_f\}$ 和 $\{j_x, j_{x+1}, \cdots, j_g\}$，那么甲骨字 i 和 j 之间的距离由式（2-18）定义。式（2-18）中，α, β 为可选参数且取值大于等于 1，符号 || 表示交集或并集的个数。利用式（2-18）计算所有甲骨字之间的权重

矩阵 D，进而得到甲骨字的构形网络。式（2-18）具体如下：

$$d_{ij} = \alpha \frac{|\{i_1,i_2,\cdots,i_m\}| \cap |\{j_1,j_2,\cdots,j_n\}|}{|\{i_1,i_2,\cdots,i_m\}| \cup |\{j_1,j_2,\cdots,j_n\}|} + \beta \frac{|\{i_x,i_{x+1},\cdots,i_f\}| \cap |\{j_x,j_{x+1},\cdots,j_g\}|}{|\{i_x,i_{x+1},\cdots,i_f\}| \cup |\{j_x,j_{x+1},\cdots,j_g\}|}。 \quad (2\text{-}18)$$

2.6.2 甲骨字语境和构形网络融合

在 2.3.1 节和 2.6.1 节中，分别构建了甲骨字的语境和构形网络，它们从不同的角度反映了甲骨文的语义信息，对这两种类型网络的融合可以提高语义预测的正确率。相似网络融合（Similarity Network Fusion）方法可以有效融合不同类型的网络，并能消除网络的噪声性[60]。对于输入的甲骨字语境网络（邻接矩阵为 M）和甲骨字构形网络（邻接矩阵为 D），首先对 M 和 D 使用式（2-19）和式（2-20）进行归一化，得到归一化矩阵 M^N 和 D^N：

$$M^N(i,j) = \begin{cases} \dfrac{M(i,j)}{2\sum\limits_{k\neq i} M(i,k)}, & j \neq i \\ \dfrac{1}{2}, & j = i \end{cases}。 \quad (2\text{-}19)$$

$$D^N(i,j) = \begin{cases} \dfrac{D(i,j)}{2\sum\limits_{k\neq i} D(i,k)}, & j \neq i \\ \dfrac{1}{2}, & j = i \end{cases}。 \quad (2\text{-}20)$$

其中，k 为结点 i 的邻接结点。然后利用式（2-21）分别定义 M^N 和 D^N 的操作子 S_M 和 S_D，进而衡量网络的局部特性，N_i 为结点 i 的邻接结点集合：

$$S(i,j) = \begin{cases} \dfrac{M(i,j)}{\sum\limits_{k\in N_i} M(i,k)}, & j \in N_i \\ 0, & \text{其他} \end{cases}。 \quad (2\text{-}21)$$

相似网络融合方法的关键步骤是利用操作子 S 对 M^N 和 D^N 进行迭代更新，经过 t 步迭代后，最后融合的网络矩阵为 W^F：

$$M^N(t+1) = S_M \times D^N(t) \times (S_M)^T ; \qquad (2\text{-}22)$$

$$D^N(t+1) = S_D \times M^N(t) \times (S_D)^T ; \qquad (2\text{-}23)$$

$$W^F = \frac{D^N(t) + M^N(t)}{2} \text{。} \qquad (2\text{-}24)$$

2.6.3 基于网络局部拓扑目标函数的模块结构识别算法设计

为了识别甲骨字网络中重叠且模块尺度小的特殊模块结构：第一步，定义模块松弛函数 LS；第二步，初始化模块 C，C 包含的结点个数为0，并计算模块 C 的松弛函数 LS；第三步，选择一个不在 C 中的剩余结点加入 C 中，得到 C'，并计算其松弛函数 LS'，如果 $LS' > LS$，则重复第二步，如果 $LS' < LS$，则停止合并，形成一个模块；第四步，选择一个不在模块中的结点开始下一个模块的形成；第五步，合并模块之间重叠较大的模块，得到最终的结果。松弛函数 LS 如下：

$$LS(C) = \lambda \frac{sw^{in}(C)}{sw^{in}(C) + sw^{out}(C)} \text{。} \qquad (2\text{-}25)$$

其中，$0 < \lambda < 1$ 是可变的参数；sw^{in} 表示模块 C 中的所有结点之间的边权重之和；sw^{out} 表示模块 C 中所有结点与网络中剩余结点之间的边权重之和。

参考文献

[1] 李宗焜. 甲骨文字编［M］. 北京：中华书局，2012.

[2] 刘永革，栗青生. 可视化甲骨文输入法的设计与实现［J］. 计算机工程与应用，2004，17：139-140.

[3] 史创明，刘永革. 基于 SVG 的甲骨文显示技术研究［J］. 河南大学学报，2005，35（2）：82-84.

[4] 栗青生，王蕾. 甲骨文图文编辑系统的设计与实现［J］. 安阳师范学院学报，2011，5：69-72.

[5] 栗青生，吴琴霞，杨玉星. 甲骨文字形动态描述库及其字形生成技术研究［J］. 北京大学学报，2013，49（1）：61-67.

[6] 肖明，赵慧，甘仲惟. 甲骨文象形码编码的模糊数学模型研究［J］. 计算机工程与设计，2004，25（3）：358-361.

[7] 顾绍通，马小虎，杨亦鸣. 基于字形拓扑结构的甲骨文输入编码研究［J］. 中文信息学报，2008，22（4）：123-128.

[8] 聂艳召,刘永革.甲骨文自由笔画输入法[J].中文信息学报,2010,24(6):103-107.

[9] 李锋,周新论.甲骨文自动识别的图论方法[J].电子科学学刊,1996,18(s1):41-47.

[10] 栗青生,杨玉星,王爱民.甲骨文识别的图同构方法[J].计算机工程与应用,2011,47(8):112-114.

[11] 高峰,吴琴霞,刘永革,等.基于语义构件的甲骨文模糊字形的识别方法[J].科学技术与工程,2014,14(30):67-71.

[12] 顾绍通.基于拓扑配准的甲骨文字形识别方法[J].计算机与数字工程,2016,44(10):2001-2006.

[13] 刘永革,刘国英.基于SVM的甲骨文字识别[J].安阳师范学院学报,2017,2:54-56.

[14] 江铭虎,邓北星,廖盼盼,等.甲骨文字库与智能知识库的建立[J].计算机工程与应用,2004,4:45-47,60.

[15] 毛建军.甲骨文献全文数据库的建设与思考[J].图书馆学研究,2010,23:36-38.

[16] 李志勇,高峰.基于知网的甲骨文可拓模型建模技术[J].计算机与现代化,2015,5:30-34.

[17] 袁冬,熊晶,刘永革.面向甲骨文的实例机器翻译技术研究[J].现代图书情报技术,2012,5:48-71.

[18] 高峰,熊晶,刘永革.基于知网的甲骨卜辞释义问题的可拓性研究[J].现代图书情报技术,2015(7/8):58-64.

[19] 熊晶,高峰,吴琴霞.甲骨文大规模基础数据的语义挖掘研究[J].现代图书情报技术,2015,2:7-14.

[20] 王爱民,葛彦强,刘国英,等.计算机辅助甲骨文缀合关键技术研究[J].计算机测量与控制,2010,18(7):1612-1614.

[21] 王爱民,钟珞,葛彦强,等.甲骨碎片智能缀合关键技术研究[J].武汉理工大学学报,2010,32(20):194-199.

[22] 王爱民,葛文英,赵哲,等.龟甲类甲骨文碎片计算机辅助缀合研究[J].计算机工程与设计,2011,32(10):3570-3573.

[23] GUO J, WANG C, ROMAN-RANGEL E, et al. Building hierarchical representations for oracle character and sketch recognition[J]. IEEE Transactions on image processing, 2016, 25:104-118.

[24] DRESS A, GRUNEWALD S, ZENG Z. A cognitive network for oracle bone characters related to animals[J]. International Journal of Modern Physics B, 2016, 30(4):1630001.

[25] CANCHO R F I, SOLE R V. The small world of human language[J]. Proceedings of the royal society of London series B-Biological Science, 2001, 268:2261-2265.

[26] CANCHO R F I. Euclidean distance between syntactically linked words[J]. Physical

[27] STEYVERS M, TENENBAUM J B. The large-scale strucutre of semantic networks: statistical analysis and a model of semantic growth [J]. Cognitive Science, 2005, 29: 41-78.

[28] CECH R, MACUTEK J. Word form and lemma syntactic dependency networks in Czech: a comparative study [J]. Glottometrics, 2009, 19: 85-98.

[29] ARBESMAN S, STROGATZ S H, VITEVITCH M S. Comparative analysis of networks of phonologically similar words in English and Spanish [J]. Entropy, 2010, 12: 327-337.

[30] SIEW C S Q. Community structure in the phonological network [J]. Frontiers in Psychology, 2013, 4: 553.

[31] RIOLO M A, CANTWELL G T, REINERT G, et al. Efficient method for estimating the number of communities in a network [J]. Physical Review E, 2017, 96: 032310.

[32] VITEVITCH M S, CHAN K Y, GOLDSTEIN R. Insights into failed lexical retrieval from network science [J]. Cognitive Psychology, 2014, 68: 1-32.

[33] MARGAN D, MEŠTROVIC A. LaNCoA: a Python toolkit for Language Networks Construction and Analysis [C]. Information and Communication Technology, Electronics and Microelectronics (MIPRO), 2015: 1628-1633.

[34] DAUTRICHE I, MAHOWALD K, GIBSON E, et al. Words cluster phonetically beyond phonotactic regularities [J]. Cognition, 2017, 163: 128-145.

[35] 韦洛霞, 李勇, 康世勇, 等. 汉语词组网的组织结构与无标度特性 [J]. 科学通报, 2005, 50: 1575-1579.

[36] 刘知远, 孙茂松. 汉语词同现网络的小世界效应和无标度特性 [J]. 中文信息学报, 2007, 21: 52-58.

[37] LIANG W, SHI Y M, TSE C K, et al. Study on co-occurrence character networks from Chinese essays in different periods [J]. Science China (Information Sciences), 2012, 55 (11): 2417-2427.

[38] 刘知远, 郑亚斌, 孙茂松. 汉语依存句法网络的复杂网络性质 [J]. 复杂系统与复杂性科学, 2008, 5: 37-45.

[39] LIU H T. Dependency distance as a metric of language comprehension difficulty [J]. Journal of Cognitive Science, 2008, 9: 159-191.

[40] 陈芯莹, 刘海涛. 汉语句法网络的中心节点研究 [J]. 科学通报, 2011, 56: 735-740.

[41] LIU H T. Statistical properties of Chinese semantic networks [J]. Chinese Science Bulletin, 2009, 9: 2781-2785.

[42] 韩普, 王东波, 路高飞, 等. 语言网络研究进展 [J]. 中文信息学报, 2014, 28: 9-18.

[43] CONG J, LIU H T. Approaching human language with complex networks [J]. Physics of Life Reviews, 2014, 11: 598-618.

[44] GAO Y, LIANG W, SHI Y, et al. Comparison of directed and weighted co-occurrence networks of six languages [J]. Physica A, 2014, 393: 579-589.

[45] 赵怿怡, 刘海涛. 语言网络研究的数学模型：从复杂网络、社会网络到语言网络 [J]. 中文信息学报, 2015, 29: 46-53.

[46] BARRAT A, WEIGT M. On the properties of small-world network models [J]. The European Physical Journal B-Condensed Matter and Complex Systems, 2000, 13: 547-560.

[47] 江铭虎. 自然语言处理 [M]. 北京：高等教育出版社, 2006.

[48] JIAO Q J, HUANG Y, SHEN H B. Community mining with new node similarity by incorporating both global and local topological knowledge in a constrained random walk [J]. Physica A: Statistical Mechanics and its Applications, 2015, 424: 363-371.

[49] NEWMAN M. The structure and function of complex networks [J]. Siam Review, 2003, 45: 167-256.

[50] 汪小帆, 李翔, 陈关荣. 网络科学导论 [M]. 北京：高等教育出版社, 2012.

[51] 林枫, 刘云, 江钟立. 汉字网络的历时性模式探索 [J]. 复杂系统和复杂性科学, 2012, 9: 50-61.

[52] NEWMAN M, GIRVAN M. Finding and evaluating community structure in networks [J]. Physical Review E, 2004, 69: 026113.

[53] FORTUNATO S, BARTHELEMY M. Resolution limit in community detection [J]. Proceedings of the National Academy of Sciences, 2007, 104 (1): 36-41.

[54] CLAUSET A, NEWMAN M, MOORE C. Finding community structure in very large networks [J]. Physical Review E, 2004, 70 (6): 066111.

[55] FREEMAN L C. A set of measures of centrality based on betweenness [J]. Sociometry, 1977, 40: 35-41.

[56] 焦清局, 高峰, 金园园, 等. 面向拓片信息的甲骨字网络构建与分析 [J]. 中文信息学报, 2018, 32: 137-142.

[57] 陈梦家. 殷墟卜辞综述 [M]. 北京：中华书局出版社, 2016.

[58] 于省吾. 甲骨文字诂林 [M]. 北京：中华书局出版社, 1999.

[59] NEPUSZ T, YU H, PACCANARO A. Detecting overlapping protein complexes in protein-protein interaction networks [J]. Nature Methods, 2013, 9: 471-472.

[60] WANG B, MEZLINI A M, DEMIR F, et al. Similarity network fusion for aggregating data types on a genomic scale [J]. Nature Methods, 2014, 11: 333-337.

第三章
已知社团个数的网络分割算法

已知社团个数可以有效提高社团结构识别算法的正确率。为了预测社团的个数，人们提出了很多算法，如非回溯矩阵（Nonbacktracking Matrix）方法、最大似然（Maximum-Likelihood）方法等。本章首先使用非回溯矩阵方法预测网络的社团个数，然后结合网络中的结点相似性挖掘网络中的社团结构。

3.1 网络中社团个数的预测方法

3.1.1 非回溯矩阵方法

非回溯矩阵方法预测网络中社团的个数主要是利用非回溯矩阵的特征值属性[1]。假设一个含有 n 个结点 m 条边的网络 N，其非回溯矩阵 B 是一个大小为 $2m \times 2m$ 的矩阵，B 中边的定义如式（3-1）所示：

$$B_{(u \to v),(w \to x)} = \begin{cases} 1, & \text{如果} v = w \text{ 且 } u \neq x \\ 0, & \text{其他} \end{cases} \quad (3-1)$$

其中，u，v，w，x 均为网络的结点。由于开始结点 v 并不能立即回转或者形成回路，因此，非回溯矩阵对度值较大的结点并不敏感。不仅如此，对于任何悬挂图上（Dangling Off the Graph）的树状网络或者孤立的网络，其非回溯矩阵的特征均为 0。对于社团识别领域来说，非回溯矩阵最大的优点是：位于某一半径外的特征值个数指示网络中社团的个数。下面给出半径的定义。假如网络 G 有随机块模型（Stochastic Block Model）产生，它的 n 个结点被划分到 q 个社团内，其中每个结点 v 都有一个标记 $g_v \in \{1, 2, \cdots, q\}$。

每一条边的产生仅仅依靠于 $q \times q$ 的矩阵 $\boldsymbol{p}$，即 $P_r[A_{u,v}=1]=p_{g_u g_v}$。在网络稀疏的情况下，可以得到 $p_{ab}=\dfrac{c_{ab}}{n}$。当 $n \to \infty$，c_{ab} 是一个常量。为了易于分析，只讨论两种情况，当 $a=b$ 时，$c_{ab}=c_{in}$；当 $a \neq b$ 时，$c_{ab}=c_{out}$。网络的平均记为 c：

$$c=\dfrac{c_{in}+c_{out}}{2}。\tag{3-2}$$

对于网络 G 的非回溯矩阵 $\boldsymbol{B}$，它的最大特征值为 c，第二大特征值为 u_c，u_c 的值由式（3-3）定义：

$$u_c=\dfrac{c_{in}-c_{out}}{2}。\tag{3-3}$$

最重要的是，$\boldsymbol{B}$ 的大部分光谱（Spectrum）落在以 $\sqrt{c}$ 为半径的复平面圈内（图 3-1）。圈外实特征值的个数即为网络社团的个数。对于真实的网络而言，这个结论也是成立的。利用非回溯矩阵方法，Krzakala 等分析了一些网络的社团个数，如 Karate 网络[2]、Football 网络[3]、Dolphins 网络[4]，结果如图 3-2 所示。从图 3-2 中可以看到，非回溯矩阵方法找到的社团个数和真实的社团个数是一致的。对于 Football 网络，非回溯矩阵方法找到的社团个数为 10，其实对于几乎所有的社团识别算法来说，在 Football 网络上得到的社团个数为 10 或者 11。同样，通过多尺度社团方法分析来看，Football 网络的 12 个社团不具有同步性。

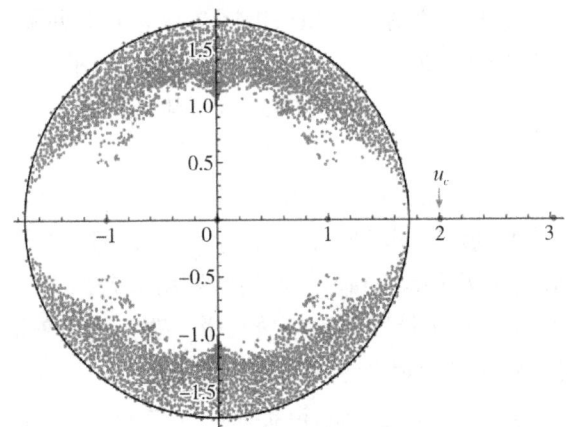

图 3-1 网络光谱分布示意

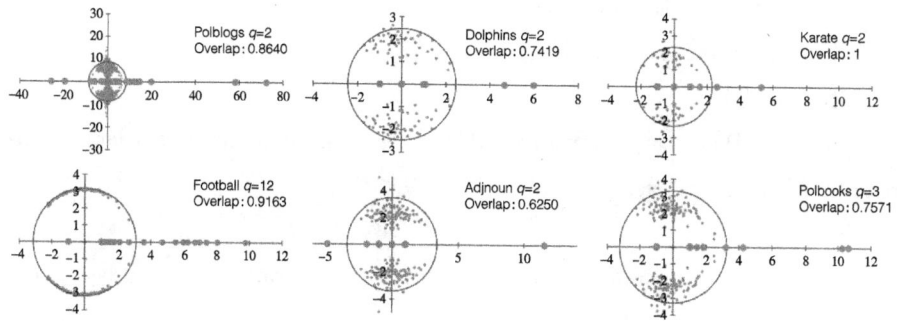

图 3-2 非回溯矩阵方法识别的网络社团个数

q 表示非回溯矩阵方法预测的社团个数；Overlap 表示不同操作子下性能比较值[1]

在 Krzakala 的文章中给出了相应的代码［由于作者提供的网址（http：//panzhang.net/dea/dea.tar.gz）在笔者写书时无法打开，读者可以与文献［1］的通讯作者联系］，这里给出计算网络社团个数的主要代码（如要使用请引用对应文献）。

function xr = get_network_module_number(E)
%This demo displays the full spectrum of DEA matrix of various real
%networks.
%{
path(path,'../../');
path(path,'../../subroutines/');
%}
% gmlfname='karate.gml';% file name of the network
%gmlfname='dolphins.gml';% file name of the network
%gmlfname='polblogs.gml';% file name of the network, note that only few
%eigenvalues are plotted, since computing full spectrum of the grapa is too
%slow.
%gmlfname='polbooks.gml';% file name of the network
% gmlfname='football.gml';% file name of the network
% gmlfname='adjnoun.gml';% file name of the network
%[E,sigma]=read_gml(gmlfname);
%[E,sigma]=read_gml(gmlfname);

```
m = length(E); % system size
dea_matrix = E2dea_fast(E);
if(m>1000)
    [V,D] = eigs(dea_matrix,500);   % if the networks is too large, compute first 200 eigenvectors.
else
    [V,D] = eigs(dea_matrix,m);     % if the networks is not too lage, compute full spectrum.
end
%[V,D] = eigs(dea_matrix,m);
a = real(D);
b = imag(D);
in = 0.05;
%%% real values
x = D( logical( ( abs(imag(D))<0.01) .* (real(D)>0.5) .* ~((real(D)>=0.99) .* (real(D)<=1.01)))) ;
x1 = sort(x);
xr = D( logical( ( abs(imag(D))<0.01) .* ~((real(D)>=0.99) .* (real(D)<=1.01)) .* ~((real(D)<=-0.99) .* (real(D)>=-1.01)) .* ~((real(D)<=0.01) .* (real(D)>=-0.01)) ));
Dreal = D( logical( ( abs(imag(D))<0.000001) ));
Dreal = unique(Dreal);
[~,idx] = sort(abs(Dreal),'descend');
Dreal = Dreal(idx);
cc = a(1); %largest eigenvalue
A = A2E(E);
N = length(A);
di = sum(A);
c = full(mean(di));
xr = unique(xr);
xr = xr(xr>sqrt(cc));
```

fprintf('number of eigenvalues on real axes out of circle is %d\n', numel(xr));
%{
if(m>1000)
  numvec = 200;% if the networks is too large, compute first 200 eigenvectors.
else
  numvec = -2; % if the networks is not too lage, compute full spectrum.
end
q = max(sigma);%number of groups in true configuration
mode = 0;% DEA matrix
%mode = 5;% matrix F, which is B' in paper.
if(q>2)
  do_clustering = 3;% if q>2, use k-means clustering
else
  do_clustering = 0;% if q==2, use sign of second largest real eigenvector
end
re = deaspec('ovl_norm', 1, 'q', q, 'mode', mode, 'numvec', numvec, 'ftype', 'gml', 'basename', gmlfname, 'do_clustering', do_clustering, 'cbegin', 1, 'cend', q, 'lcc', 1);
D = re.D;
V = re.V;
if(length(re.ovl)>=2)
  ovl = re.ovl(2);
else
  ovl = re.ovl(1);
end
a = real(D);
b = imag(D);
in = 0.05;
%% real values
x = D(logical((abs(imag(D))<0.01) .* (real(D)>0.5) .* ~((real

(D)>=0.99).*(real(D)<=1.01))));
  x1=sort(x);
  xr=D(logical(((abs(imag(D))<0.01).* ~((real(D)>=0.99).*
(real(D)<=1.01)).* ~((real(D)<=-0.99).*(real(D)>=-1.01)).
* ~((real(D)<=0.01).*(real(D)>=-0.01))));
  Dreal=D(logical((abs(imag(D))<0.000001)));
  Dreal=unique(Dreal);
  [~ ,idx]=sort(abs(Dreal),'descend');
  Dreal=Dreal(idx);
  %% plot distribution
  close all;
  hFig = figure(1);
  shiftaxis=1;%shift axis to origin in plot
  %draw eigenvalues in a complex plane
  cc=a(1);%largest eigenvalue
  plot(a,b,'r.','markersize',15,'linewidth',2);
  hold on;
  plot(a (logical ((abs (imag (D)) < 0. 000001))) , b (logical ((abs (imag
(D))<0.000001))),'r.','markersize',25,'linewidth',2);
  %draw a cycle
  x=[-sqrt(cc+0.1):0.001:sqrt(cc+0.1)];
  y=sqrt(cc-x.^2);
  hold on;
  plot(real(x),real(y),'b-','linewidth',1.);
  plot(real(x),-real(y),'b-','linewidth',1.);

  %eigenvalues
  x=get(gca,'xlim');
  y=[0,0];
  plot(x,y,'black--','linewidth',0.5)
  E=re.E;
  A=A2E(E);

```
N = length( A) ;
di = sum( A) ;
c = full( mean( di) ) ;
xr = unique( xr) ;
xr = xr( xr>sqrt( cc) ) ;
fprintf('number of eigenvalues on real axes out of circle is %d\n' ,numel( xr) ) ;
txt1 = sprintf('%s \nq = %d \nOverlap:%0.4f' ,gmlfname,q,ovl) ;
annotation('textbox' ,[0.58 0.702 0.35 0.222] ,'String' ,{txt1} ,...
'FitBoxToText' ,'off' ,...
'LineStyle' ,'none' ,'fontsize' ,20) ;
set( gca ,'fontsize' ,20) ;
%%shift the axis
if( shiftaxis)
    X = get( gca ,'Xtick') ;
    Y = get( gca ,'Ytick') ;
    % GET LABELS
    XL = get( gca ,'XtickLabel') ;
    YL = get( gca ,'YtickLabel') ;
    for i = 1:length( XL)
        if( XL( i) = = '0' )
            XL( i) = ' ';
        end
    end
    for i = 1:length( YL)
        if( YL( i) = = '0' )
            YL( i) = ' ';
        end
    end
    % GET OFFSETS
    Xoff = diff( get( gca ,'XLim') ) ./60;
    Yoff = diff( get( gca ,'YLim') ) ./60;
    % DRAW AXIS LINEs
```

```
        plot(get(gca,'XLim'),[0 0],'k','linewidth',1.);
        plot([0 0],get(gca,'YLim'),'k','linewidth',1.);
        % Plot new ticks
        for i=1:length(X)
            plot([X(i) X(i)],[0 Yoff],'-k');
        end;
        for i=1:length(Y)
           plot([Xoff,0],[Y(i) Y(i)],'-k');
        end;
        % ADD LABELS
        text(X,zeros(size(X))-3*Yoff,XL,'fontsize',20);
        text(zeros(size(Y))-3*Xoff,Y,YL,'fontsize',20);
        box off;
        % axis square;
        axis off;
        set(gcf,'color','w');
end
x=get(gca,'xlim');
xlen=max(x)-min(x);
y=get(gca,'ylim');
ylen=max(y)-min(y);
set(gcf,'PaperPositionMode','auto');
set(hFig,'Position',[1000 1000 700 700/xlen*ylen]);
%}
```

3.1.2 最大似然方法

网络 N 的邻接矩阵为 A，当结点 i 和 j 之间有边存在，那么 A 的元素 $a_{ij}=1$；当结点 i 和 j 之间无边存在，那么 A 的元素 $a_{ij}=0$。除此之外，把 A 中对角线的元素定为 $a_{ii}=2$。假设结点 i 属于的社团为 g_i，并给定 3 个参数 γ、ω 和 k，可以得到以下的概率公式[5]：

第三章 已知社团个数的网络分割算法

$$P(A, g \mid \omega, \gamma, k) = P(g \mid \gamma, k) P(A \mid g, \omega)$$

$$= \prod_i \gamma_{g_i} \prod_i \left(\frac{1}{2}\omega_{g_i g_i}\right)^{\frac{a_{ii}}{2}} e^{-\frac{\omega_{g_i g_i}}{2}} \prod_{i<j} \omega_{g_i g_j}^{a_{ij}} e^{-\omega_{g_i g_j}} \qquad (3-4)$$

$$= \prod_r \gamma_r^{n_r} \prod_r \omega_{rr}^{m_{rr}} e^{-\frac{n_r^2 \omega_{rr}}{2}} \prod_{r<s} \omega_{rs}^{m_{rs}} e^{-n_r n_s \omega_{rs}} \, \text{。}$$

其中,γ_{g_i} 和 γ_r 表示结点分别属于社团 g_i 和 r 的概率;$\omega_{g_i g_i}$、ω_{rr} 分别表示社团 g_i、r 内部结点之间连接边的概率;ω_{rs} 表示社团 r 和 s 之间结点连接边的概率;$\omega_{g_i g_j}$ 表示社团 g_i 和 g_j 之间结点连接边的概率;k 表示网络中社团的个数;n_r 和 n_s 分别表示社团 r 和 s 中结点的个数,$n_r = \sum_i \delta_{g_i, r}$;$m_{rs}$ 表示社团 r 和 s 之间连接边的个数,$m_{rs} = \sum_{ij} a_{ij} \delta_{g_i, r} \delta_{g_j, s}$。

给定一个网络 A,以及块模型(Block Model)产生的 k 个社团和社团中结点的分布情况 g,可以推导 $P(k, g \mid A)$。假设 γ、ω 和 k 符合最大熵先验概率分布,并且 k 的取值范围为 $k \in [1, n]$,由此,可以推出 $P(k) = 1$。对于结点属于社团概率 γ,对其进行归一化处理,即 $\sum_r \gamma_r = 1$,但是由于 γ 的归一化,使得先验概率密度为 $P(\gamma \mid k) = (k-1)!$。如果真实网络的平均边概率为 $p = \frac{2m}{n^2}$,同样,对于块模型生成的网络的边概率也为 $p = \frac{2m}{n^2}$ 时,就可以设置 ω 的先验范围,然后计算 ω 的最大熵概率:$P(\omega) = p^{-1} e^{-\frac{\omega}{p}}$。根据以上的设置,可以得到 $P(k, g \mid A)$ 为:

$$P(k, g \mid A) = \frac{P(k) P(g \mid k) P(A \mid g)}{P(A)} \, \text{。} \qquad (3-5)$$

其中,

$$P(g \mid k) = \int P(g \mid \gamma, k) P(\gamma \mid k) \mathrm{d}\gamma = \frac{(k-1)!}{(n+k-1)!} \prod_{r=1}^k n_r! ; \qquad (3-6)$$

$$P(A \mid g) = \int P(A \mid g, \omega) P(\omega) \mathrm{d}\omega \, \text{。} \qquad (3-7)$$

可以把 k、g 看作统计力学系统中的两个状态参数,通过使用马尔可夫链蒙特卡罗重要性抽样(Markov Chain Monte Carlo Importance Sampling)方法对两个状态参数进行抽样,然后可以通过蒙特卡罗抽样中 k 的直方图及网络的矩阵 A 估计 $P(k \mid A)$,而 $P(k \mid A)$ 达到最大值下的 k 值即为最大似然方法

- 61 -

获得的社团个数。更为详细的内容请参考文献［5］，下面给出预测网络社团个数的主要代码（详细代码请见：http://www-personal.umich.edu/~mejn/）。

```
/* Program to calculate the number of communities in a network using the
 * method of Newman and Reinert, which calculates a posterior probability
 * by Monte Carlo simulation of the integrated likelihood of a
 * degree-corrected stochastic block model
 * Written by Mark Newman   6 APR 2016
 */
/* Program control */
#define VERBOSE
/* Inclusions */
#include <stdio.h>
#include <stdlib.h>
#include <math.h>
#include <time.h>
#include <gsl/gsl_rng.h>
#include <gsl/gsl_sf_gamma.h>
#include "readgml.h"

/* Constants */
#define K 40                    // Maximum number of groups
#define MCSWEEPS 10000          // Number of Monte Carlo sweeps
#define SAMPLE 1                // Interval at which to print out results, in sweeps
/* Globals */
NETWORK G;                      // Struct storing the network
int twom;                       // Twice the number of edges
double p;                       // Average edge probability
int k;                          // Current value of k
int *g;                         // Group assignments
int *n;                         // Group sizes
int **m;                        // Edge counts
```

```
double * lnfact;            // Look-up table of log-factorials
double E;                   // Log probability
gsl_rng * rng;              // Random number generator
// Make a lookup table of log-factorial values
void maketable( )
{
  int t;
  int length;
  length = twom + G.nvertices + 1;
  lnfact = malloc(length * sizeof(double));
  for (t=0;t<length;t++) lnfact[t] = gsl_sf_lnfact(t);
}
// Log-probability function
double logp(int *n,int **m)
{
  int r,s;
  int kappa;
  double res=0.0;
  for (r=0;r<k;r++) {
    res += lnfact[n[r]];
    if (n[r]>0) {
      for (s=kappa=0;s<k;s++) kappa += m[r][s];
      res += kappa*log(n[r]) + lnfact[n[r]-1] - lnfact[kappa+n[r]-1];
      res += lnfact[m[r][r]/2] - (m[r][r]/2+1)*log(0.5*p*n[r]*n[r]+1);
      for (s=r+1;s<k;s++) {
        res += lnfact[m[r][s]] - (m[r][s]+1)*log(p*n[r]*n[s]+1);
      }
    }
  }
  return res;
}
```

```
// Initial group assignment
void initgroups()
{
  int i,u,v;
  int r;
  // Make the initial group assignments at random
  g = malloc(G.nvertices * sizeof(int));
  for (u=0;u<G.nvertices;u++) g[u] = gsl_rng_uniform_int(rng,K);
  // Calculate the values of the n's
  n = calloc(K,sizeof(int));
  for (u=0;u<G.nvertices;u++) n[g[u]]++;
  // Calcalate the values of the m's
  m = malloc(K * sizeof(int *));
  for (r=0;r<K;r++) m[r] = calloc(K,sizeof(int));
  for (u=0;u<G.nvertices;u++) {
    for (i=0;i<G.vertex[u].degree;i++) {
      v = G.vertex[u].edge[i].target;
      m[g[u]][g[v]]++;
    }
  }
  // Initialize k and the log-probability
  k = K;
  E = logp(n,m);
}
// Function to update value of k
void changek()
{
  int r,s,u;
  int kp;
  int empty;
  int map[K];
  int sum;
```

```
// With probability 0.5, decrease k, otherwise increase it
if (gsl_rng_uniform(rng)<0.5) {
    // Count the number of empty groups
    for (r=0,empty=0;r<k;r++) if (n[r]==0) empty++;
    // If there are any empty groups, remove one of them, or otherwise do
    // nothing
    if (empty>0) {
        // If there is more than one empty group, choose at random which one
        // to remove
        do {
            r = gsl_rng_uniform_int(rng,k);
        } while (n[r]>0);
        // Decrease k by 1
        k = k - 1;
        // Update the group labels
        for (u=0;u<G.nvertices;u++) {
            if (g[u]==k) g[u] = r;
        }
        // Update n_r
        n[r] = n[k];
        // Update m_rs
        for (s=0;s<k;s++) {
            if (r==s) {
                m[r][r] = m[k][k];
            } else {
                m[r][s] = m[k][s];
                m[s][r] = m[s][k];
            }
        }
    }
} else {
    // With probability k/(n+k) increase k by 1, adding an empty group
```

```
            if ((G.nvertices+k) * gsl_rng_uniform(rng)<k) {
                if (k<K) {
    n[k] = 0;
    for (r=0;r<=k;r++) m[k][r] = m[r][k] = 0;
    k = k + 1;
                }
            }
        }
    }
// Function to update n and m for a proposed move
void nmupdate(int r,int s,int d[])
{
    int t;
    n[r]--;
    n[s]++;
    for (t=0;t<k;t++) {
        m[r][t] -= d[t];
        m[t][r] -= d[t];
        m[s][t] += d[t];
        m[t][s] += d[t];
    }
}
// Function that does one MCMC sweep (i.e., n individual moves) using the
// heatbath algorithm
double sweep()
{
    int i,j,u,v;
    int r,s;
    int temp;
    int accept=0;
    int d[K];
    double x,Z,sum;
```

```
double newE[K];
double boltzmann[K];
for (i=0;i<G.nvertices;i++) {
  // Optionally, perform a k-changing move
  if ((G.nvertices+1) * gsl_rng_uniform(rng)<1.0) changek();
  // Choose a random node
  u = gsl_rng_uniform_int(rng,G.nvertices);
  r = g[u];
  // Find the number of edges this node has to each group
  for (s=0;s<k;s++) d[s] = 0;
  for (j=0;j<G.vertex[u].degree;j++) {
    v = G.vertex[u].edge[j].target;
    d[g[v]]++;
  }
  // Calculate the probabilities of moving it to each group in turn
  Z = 0.0;
  for (s=0;s<k;s++) {
    if (s==r) {
      newE[s] = E;
    } else {
      nmupdate(r,s,d);
      newE[s] = logp(n,m);
      nmupdate(s,r,d);
    }
    boltzmann[s] = exp(newE[s]-E);
    Z += boltzmann[s];
  }
  // Choose which move to make based on these probabilities
  x = Z * gsl_rng_uniform(rng);
  for (s=0,sum=0.0;s<k;s++) {
    sum += boltzmann[s];
    if (sum>x) break;
```

```
    }
    // Make the move
    if (s!=r) {
      g[u] = s;
      nmupdate(r,s,d);
      E = newE[s];
      accept++;
    }
  }
  return (double)accept/G.nvertices;
}
main(int argc,char *argv[])
{
  int u,r,s;
  // Initialize the random number generator from the system clock
  rng = gsl_rng_alloc(gsl_rng_mt19937);
  gsl_rng_set(rng,time(NULL));
  // Read the network from stdin
#ifdef VERBOSE
  fprintf(stderr,"Reading network...\n");
#endif
  read_network(&G,stdin);
  for (u=twom=0;u<G.nvertices;u++) twom += G.vertex[u].degree;
  p = (double)twom/(G.nvertices*G.nvertices);
#ifdef VERBOSE
  fprintf(stderr,"Read network with %i nodes and %i edges\n",
    G.nvertices,twom/2);
#endif
  // Make the lookup table
  maketable();
  // Initialize the group assignment
  initgroups();
```

```
    // Perform the Monte Carlo
    for ( s = 0; s<MCSWEEPS; s++) {
      sweep( );
      if ( s%SAMPLE = = 0) {
        printf( "%i %i %g\n" ,s,k,E);
#ifdef VERBOSE
        fprintf( stderr," Sweep %i...\r" ,s);
#endif
      }
    }
#ifdef VERBOSE
    fprintf( stderr," \n" );
#endif    }
```

3.2 已知社团个数的网络分割算法

3.2.1 层次聚类

层次聚类是一种无监督的聚类方法，它的聚类过程如下：第一步，按照某种度量方法定义任意两个点之间的距离（或相似性），形成点之间的距离矩阵；第二步，在距离矩阵中寻找距离最近的两个点，将其合并形成一类；第三步，重新计算合并之后的点（或类）之间的距离，形成新的距离矩阵；第四步，从新的距离矩阵中寻找最近的两个点（或类），将其合并，形成新的类别；第五步，重复第二至第四步，直到合并成一类或者指定的类别数。

使用层次聚类的方法需要解决3个问题：一是如何定义点与点之间的距离；二是如何计算类与点或类与类之间的距离；三是如何确定层次聚类中类别的个数。同样，使用层次聚类挖掘网络中的社团，也需要解决以上3个问题。对于第一个问题，利用 ISIM 相似性定义网络中任意两个结点之间的距离[6]。ISIM 结点相似性能有效捕捉网络的局部和全局拓扑结构，它已被成功用来识别单尺度和多尺度的社团结构。最重要的是，ISIM 相似性能把社团内的结点之间的距离拉近，而不同社团之间的结点距离拉远（图3-3），进而为用层次聚类识别社团奠定理论基础。对于第二个问题，使用两个类中最远点之间的距离作为类之间的距离。对于第三个问题，3.1 节定义的两个社团个数识别方法能有效解决这个问题。由于非回溯矩阵方法识别社团的算法程序速度比较快，最大似然方法速度比较慢，因此，在本章中，采用非回溯矩阵方法确定社团的个数，进而确定层次聚类中类别的个数。

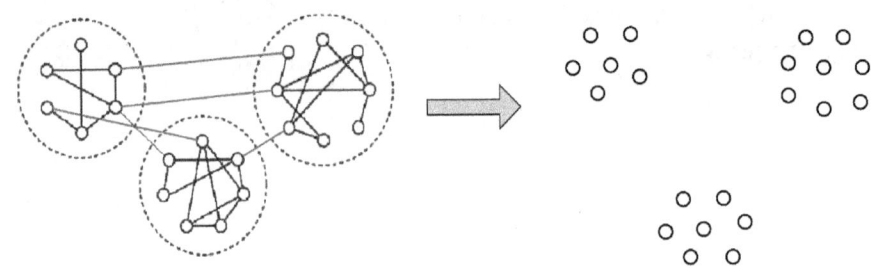

图 3-3　ISIM 相似性定义网络结点距离示意

3.2.2　ISIM 结点相似性

为了更好地利用随机游走模型能够捕捉网络全局信息的优点，并克服其存在的缺陷，对复杂网络的模块结构进行广泛的研究发现：网络中任意两个结点之间的最短路径（Shortest Path）能有效反映结点之间的局部信息，不仅如此，在很多网络中，如生物网络中，结点之间的最短路径在形成社团结构过程中也起着重要的作用，因此，需要提出一种能够充分融合网络全局和局部结构的新模型。因为随机游走模型捕捉的是网络的全局结构，而结点之间的最短路径信息反映的是网络的局部信息，因此，需要利用最短路径信息对随机游走模型加以限制，进而捕捉网络的局部结构。从游走者的性能来说，游走者在网络中游走会消耗一定的体能，游走者走得越远，消耗的体能就越多，行走到更远地方的可能性就越低。体能的消耗和行走的路程成反比关系。在网络上，游走者的游走受到网络上两个结点路径的限制，即和两个结点之间的最短路径成反比。基于此，提出一种受限的随机游走（Constrained Random Walk）模型，这种受限的随机游走模型是通过一个改进的结点 i 和结点 j 之间的转移概率来实现的：

$$P_{ij}(t+1) = (1-\alpha)\frac{1}{SP(i,j)} + \alpha\sum_{k=1}^{|U_i|}\frac{1}{d_i}P_{kj}(t)。 \quad (3-8)$$

其中，$SP(i,j)$ 表示的是结点 i 和结点 j 之间的最短路径；d_i 是结点 i 的度，d_i

在式中起着归一化的作用;U_i 表示结点 i 的邻接结点;参数 α 是一个调控因子,用来平衡受限跳转和随机跳转之间的权重。从新定义的转移概率可以看出:游走者的体能和网络中两点之间的最短路径成反比。如果游走者行走较远的距离,那么将会消耗较多的体能,进而有较小的概率到达目的结点;相反,如果游走者行走较近的距离,进而有较大的可能到达目的结点。最为主要的是,通过调节因子 α 的平衡,这种受限的随机游走不仅可以捕捉到网络的全局拓扑结构,而且可以通过路径的限制捕捉网络的局部拓扑结构。对于较小的 α,游走者每行走一步将会消耗较多的体能,因此,游走者有较大的概率到达与起始点距离较近的结点,进而反映网络的局部信息。对于较大的 α,游走者每行走一步将会消耗较少的体能,那么游走者才有更大的概率到达较远的结点,进而跳出体能的约束,到达更远的结点,捕捉网络的全局信息。因此,通过这种受限的随机游走,可以使这种新的随机游走模型很好地融合网络的局部和全局信息。

那么,游走者从结点 i 跳转到网络中的其他结点的概率向量为:

$$P_i(t+1) = (1-\alpha)SPV_i + \alpha WP_i(t)。 \qquad (3\text{-}9)$$

其中,SPV 是一个 N 维向量,元素 SPV_{ij} 是结点 i 和结点 j 之间最短路径的倒数,为了计算方便,设置 SPV_{ii} 为网络直径的倒数;对称矩阵 W 是网络的邻接矩阵。需要注意的是,邻接矩阵是通过归一化处理的,以保证 W 中每行(或每列)元素和为 1。

接下来,进一步给出了在整个网络中任意两个结点之间的转移概率矩阵 P':

$$P'(t+1) = (1-\alpha)SPV' + \alpha WP'(t)。 \qquad (3\text{-}10)$$

与式 (3-9) 中的 SPV 不同,SPV' 是一个 $N \times N$ 的矩阵,矩阵中的元素代表的是两个结点之间最短路径的倒数。在稳定的状态下,转移概率矩阵 P' 收敛于式 (3-11):

$$P' = (1-\alpha)(I-\alpha W)^{-1} SPV'。 \qquad (3\text{-}11)$$

其中,I 是一个 $N \times N$ 的单位矩阵。因此,网络中任意两个结点之间转移概率矩阵 P' 既可以用迭代的方法计算,也可以用收敛公式直接计算。对较大的网络,计算邻接矩阵的逆矩阵非常耗时,可以使用迭代的方法计算其转移概率矩阵 P'。根据一些研究发现,迭代的次数为 20 次就可以使结果接近于收敛状态[7-8]。对较小的网络,直接用收敛公式计算 P'。在新的转移概率矩阵上,给出了我们定义的新结点相似性 ISIM,ISIM 的值是游走者从结点 i 转

移到结点 j 的概率和结点 j 转移到结点 i 的概率的平均值：

$$S_{ij} = \frac{P'_{ij} + P'_{ji}}{2}。 \quad (3-12)$$

在上面的描述中，以网络中随机游走的方式解释了 ISIM 相似性的来源。实际上，这种新的结点相似性和 pagerank[9] 的原理也很相似。Pagerank 也是随机游走模型的一种拓展，但是比随机游走模型拥有较多的优点。它的基本原理已被应用到很多领域，如生物信息学[7]、图像处理等。在文献［10］中，作者利用 pagerank 的原理充分证明了它能有效融合网络的局部和全局信息。而在本章中，通过分析网络的拓扑结构认为：结点之间的最短路径是构成社团的局部信息，而结点的邻居结点信息是全局信息。因此，使用 pagerank 的原理，我们成功地融合了两者的信息，进而定义了新结点相似性。在定义新结点相似性过程中还需要我们进一步说明的是，在式（3-9）中，向量 SPV_i 的和并不等于 1，即没有对其进行归一化处理。由于没经过归一化处理，那么 SPV_i 中的元素值就和 W 中的元素值处于同一数量级上，如果参数 α 发生变化，那么得到的相似性矩阵也能得到显著性的变化，进而能够有效地捕捉网络的全局和局部信息及揭示网络的多尺度特性。

下面给出实现 ISIM 相似性的代码（MATLAB）。

```
function ISIM_matrix = ISIM_convergence(net_matrix, sp_matrix, alpha)
% Computing ISIM using convergence equation
% Input: The adjacency matrix of network and the sp_matrix includes any
% pair of nodes, the parameter alpha
%-------- initialization
node_number = size(sp_matrix, 1);
I = sparse(eye(node_number));
%------ Get the reciprocal of the shortest path
max_sp_value = max(max(sp_matrix));
sp_matrix = sp_matrix + eye(node_number) * max_sp_value;
sp_matrix = ones(node_number, node_number)./sp_matrix;
%------ Normalization the sp_matrix
norma_vector = sum(sp_matrix');
norma_matrix = repmat(norma_vector', 1, node_number);
sp_matrix = sp_matrix./norma_matrix;
```

```
%------ Starting ISIM
%------ Normalization of net_matrix
    deg = repmat(sum(net_matrix,2),[1,size(net_matrix,2)]);
  deg(find(deg==0))=1;
    net_matrix = net_matrix ./ deg;
    clear deg;
    net_matrix = sparse(net_matrix);
%------ Computing the ISIM using the convergence equation
    ISIM_matrix=(1-alpha) * inv(I-alpha * (net_matrix)) * sp_matrix;
end
```

以上代码是用收敛的方法计算网络的 ISIM 结点相似性，对于较大的网络（如结点大于 1000），此算法较慢，因此，还可以通过迭代的方法计算 ISIM 相似性。下面给出利用迭代方法计算 ISIM 相似性的代码。

```
function Fast_ISIM_matrix = Fast_ISIM_iteration(net_matrix,sp_matrix,LLR)
% Computing Fast_ISIM using convergence equation
% Input:The adjacency matrix of network
% the sp_matrix includes any pair of nodes
% LLR
%------- initialization
node_number=size(sp_matrix,1);
% the number of iteration
t_number=20;
%------ Get the reciprocal of the shortest path
max_sp_value=max(max(sp_matrix));
sp_matrix=sp_matrix+eye(node_number) * max_sp_value;
sp_matrix=ones(node_number,node_number)./sp_matrix;
%------ Normalization of net_matrix
    deg = repmat(sum(net_matrix,2),[1,size(net_matrix,2)]);
  deg(find(deg==0))=1;
    net_matrix = net_matrix ./ deg;
    clear deg;
    net_matrix=sparse(net_matrix);
```

```
%------ Starting iteration
    for t=1:t_number
        simi_old=Fast_ISIM_matrix;
        second_term_value=net_matrix*simi_old;
        Fast_ISIM_matrix=(1-alpha(alpha_number))*sp_matrix+alpha(alpha_number)*second_term_value;
    end
```

3.2.3 社团识别

利用已知的社团个数和 ISIM 结点相似性,可以识别网络中的社团结构。具体步骤如下:第一步,利用非回溯矩阵方法计算出网络的社团个数(最大似然方法运行速度比较慢,因此选择非回溯矩阵方法);第二步,利用 ISIM 相似性计算网络的相似性矩阵;第三步,使用层次聚类方法分割网络,进而挖掘网络中的社团结构,在此步中,需要预先输入社团的个数,而社团的个数为第一步获取的社团个数。图 3-4 给出了算法的流程。

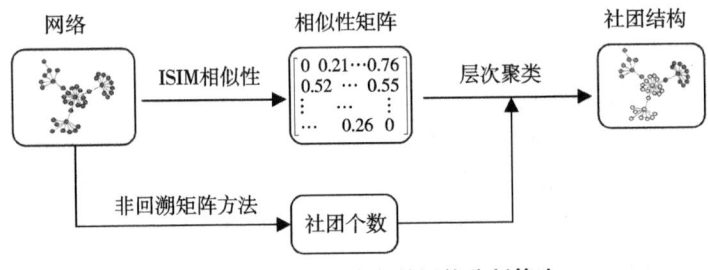

图 3-4 已知社团个数的网络分割算法

3.2.4 结果

为了更好地验证我们提出的算法,我们在 4 个真实的网络上进行了验证。同时,我们使用其他 4 种社团挖掘方法与本章中提出的算法进行对比,这 4 种算法是 Modularity[11]、Infomap[12]、Louvain[13] 和 Oslom[14] 算法。Modularity 算法是一种经典且用途最广的算法;Infomap 算法是用于检测非重叠社团精确度最高的算法之一;Louvain 算法是一种基于模块度优化的方法;Oslom 算法是一种优化自适应函数的局部方法,这种方法也可以统计不同社团的数学特征。特别需要注意的是，如果网络中含有层次社团结构（Hierarchical Community Structure），Oslom 算法也可以挖掘层次性社团。在本章中，使用真实网络都不含有层次社团结构。因此，在 Oslom 算法的输出结果中，使用最底层的社团结果和文中方法进行对比。

首先将此算法应用到 Karate 网络[2]，Karate 网络是被广泛应用到各种社团挖掘算法中的一个标准的网络。它共有 34 个结点和 78 条边，被分成 2 个组。使用非回溯矩阵方法得到此网络共有 2 个社团，该方法发现的社团个数和真实的社团个数完全一样。使用本章提出的方法挖掘 Karate 网络中的社团，社团中的结点和真实社团中的结点完全一致。图 3-5 给出了识别的网络结构示意。另外，我们使用归一化互信息（Normalization Mutual Information，NMI）对算法进行定量的评估[15]。归一化互信息定义如下：对于一个网络的两种分割状态 $\chi = (X_1, X_2, \cdots, X_{n_X})$ 和 $\gamma = (Y_1, Y_2, \cdots, Y_{n_Y})$，$n_X$ 和 n_Y 是两种分割状态下社团个数：

$$NMI(\chi, \gamma) = \frac{-2\sum_{i=1}^{n_X}\sum_{j=1}^{n_Y} n_{ij}^{XY} \log\left(\frac{n_{ij}^{XY} \cdot N}{n_i^X \cdot n_j^Y}\right)}{\sum_{i=1}^{n_X} n_i^X \log\left(\frac{n_i^X}{N}\right) + \sum_{j=1}^{n_Y} n_j^Y \log\left(\frac{n_j^Y}{N}\right)}。 \quad (3-13)$$

式（3-13）给出了 NMI 的定义，N 是网络的结点数；n_i^X 和 n_j^Y 分别是社团 X_i 和 Y_j 中的结点个数；n_{ij}^{XY} 是社团 X_i 和 Y_j 中结点的交集：$n_{ij}^{XY} = |X_i \cap Y_j|$。NMI 值越大，说明预测的社团结果越可靠。通过计算（ISIM 中 α 值设置为 0.85，

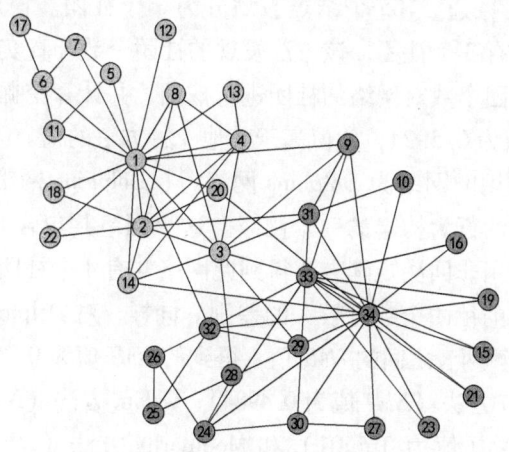

图 3-5 Karate 网络中的社团结构

这个值为通用的值，在下面的计算中也设置为此值），我们提出的算法的 NMI 值为 1，远高于其他 4 种方法的值（表 3-1）。

表 3-1　不同社团识别算法的性能

网络	我们提出的算法	Modularity	Infomap	Louvain	Oslom
Karate	1	0.6925	0.6995	0.7071	0.7185
Football	0.8866	0.6977	0.9242	0.8863	0.9346
Polbook	**0.5924**	0.5308	0.5369	0.5479	0.5797
Dolphins	**0.7532**	0.5727	0.5301	0.4984	0.5092

接下来，我们把已知社团个数的网络分割算法应用到 Football 网络上[3]，美国高校足球网络（Football 网络）由 115 个学生组成，这 115 个学生中间共存在 613 条边，被划分成 12 个队。使用非回溯矩阵方法得到此网络共有 10 个社团，该方法发现的社团个数和真实的社团个数相差两个社团。利用以上算法，对 Football 网络进行社团挖掘，并计算 NMI 值为 0.8866。在此网络上，我们提出的方法的性能低于 Oslom 算法和 Infomap 算法，但高于 Louvain 算法和 Modularity 算法。

第三个应用的真实的网络为 Polbook 网络（http://www.orgnet.com）。Polbook 网络是描述美国有关政治书籍的关系网络，结点表示书籍。如果不同的书籍被同一个人购买，那么这些书籍之间连接相应的边。该网络共有 105 个结点、441 条边，105 个结点被划分为 3 个社团。使用非回溯矩阵方法得到此网络共有 3 个社团，该方法发现的社团个数和真实的社团个数完全一样。利用此社团个数对网络的社团进行挖掘，并计算挖掘的社团和真实社团之间的 NMI 值为 0.5924，此值高于其他 4 种方法的值。

最后一个应用的网络为 Dolphins 网络[4]，Dolphins 网络是由 Lusseau 通过观察海豚 7 年的行为构建的一个网络。这个网络共包含 62 只海豚，被划分为两个组。使用非回溯矩阵方法得到此网络共有 4 个社团，该方法发现的社团个数和真实的社团个数有较大的差别。同样，对 Dolphins 网络中的社团进行识别，并计算两者之间的 NMI 值，得到的 NMI 值为 0.7532。与其他算法相比，如 Louvain 方法（NMI 值为 0.4984）、Oslom 方法（NMI 值为 0.5092）、Infomap 方法（NMI 值为 0.5301）和 Modularity 方法（NMI 值为 0.5727），本章提出的算法的精确度有了大幅提高。

3.3 小结

本章中，我们提出了一种基于已知社团个数的社团结构识别算法。通过在真实网络中的验证，我们的算法比其他算法在精确度上有了大幅提高。不仅如此，我们提出的方法还能预先设置网络的社团个数，这对于甲骨文字系统具有重要的意义。由于甲骨文字系统的语义类别是已知的，因此，我们提出的方法可以为破译未识甲骨字的语义提供重要的算法保证。

参考文献

[1] KRZAKALA F, MOORE C, MOSSEL E, et al. Spectral redemption in clustering sparse networks [J]. Proceedings of the National Academy of Sciences, 2013, 110 (52): 20935-20940.

[2] ZACHARY W W. An information flow model for conflict and fission in small groups [J]. Journal of Anthropological Research, 1977, 33 (4): 452-473.

[3] GUIMERÀ R, DANON L, DÍAZGUILERA A, et al. Self-similar community structure in a network of human interactions [J]. Physical Review E, 2003, 68 (6): 065103.

[4] LUSSEAU D, SCHNEIDER K, BOISSEAU J O, et al. The bottlenose dolphin community of Doubtful Sound features a large proportion of long-lasting associations [J]. Behavioral Ecology and Sociobiology, 2003, 54 (4): 396-405.

[5] NEWMAN M E J, REINERT G. Estimating the number of communities in a network [J]. Physical Review Letters, 2016, 117 (7): 078301.

[6] JIAO Q J, HUANG Y, SHEN H B. Community mining with new node similarity by incorporating both global and local topological knowledge in a constrained random walk [J]. Physica A: Statistical Mechanics and its Applications, 2015, 424: 363-371.

[7] WESTON J, ELISSEEFF A, ZHOU D, et al. Protein ranking: from local to global structure in the protein similarity network [J]. Proceedings of the National Academy of Sciences of the United States of America, 2004, 101 (17): 6559-6563.

[8] WESTON J, KUANG R, LESLIE C, et al. Protein ranking by semi-supervised network propagation [J]. Bmc Bioinformatics, 2006, 7 (s1): 1-9.

[9] BRIN S, PAGE L. The anatomy of a large-scale hypertextual Web search engine [J]. Computer Networks and ISDN Systems, 1998, 30 (1): 107-117.

[10] HWANG W, CHO Y R, ZHANG A, et al. A novel functional module detection algorithm for protein-protein interaction networks [J]. Algorithms for Molecular Biology,

2006, 1 (1): 24.

[11] NEWMAN M E J. Fast algorithm for detecting community structure in networks [J]. Physical Review E, 2004, 69 (6): 066133.

[12] ROSVALL M, BERGSTROM C T. Maps of random walks on complex networks reveal community structure [J]. Proceedings of the National Academy of Sciences, 2008, 105 (4): 1118-1123.

[13] BLONDEL V D, GUILLAUME J L, LAMBIOTTE R, et al. Fast unfolding of communities in large networks [J]. Journal of Statistical Mechanics: Theory and Experiment, 2008, 2008 (10): 155-168.

[14] LANCICHINETTI A, RADICCHI F, RAMASCO J J, et al. Finding statistically significant communities in networks [J]. PLoS One, 2011, 6 (4): e18961.

[15] STREHL A, GHOSH J. Cluster ensembles: a knowledge reuse framework for combining multiple partitions [J]. The Journal of Machine Learning Research, 2003, 3: 583-617.

第四章
多尺度模块结构及其应用

现实网络的社团往往呈现多尺度（Multi-scale）性，即大的社团包含小的社团，而小的社团包含更小的社团，进而呈现一定的多尺度性。假如以某市的大学生为结点构建一个大学生社会网络，那么可以以学校为社团划分大学生，在这些大的社团中，还可以进一步以班级为社团划分大学生，从而形成小的社团。在以班级为社团的学生中，还可以进一步以宿舍为社团划分大学生，从而形成更小的社团。单尺度（Single-scale）社团识别算法只能挖掘网络中的某一状态下的网络分割（如以班级为社团的大学生分割），并不能识别网络中尽可能多的网络分割状态。因此，如何设计有效的算法挖掘网络中的多尺度模块结构是近几年来社团识别领域研究的重要课题。本章将介绍几种多尺度模块结构挖掘算法和在其他领域上的应用。

4.1 多尺度模块结构识别算法

多尺度模块结构在网络中表现为：在同一个网络中，不同网络分割状态下，社团的尺度从小到大逐步变化（图4-1）。如图4-1所示，P_1、P_2、P_3表示网络的分割状态，它们含有的社团尺度不同，因此，如果设计多尺度社

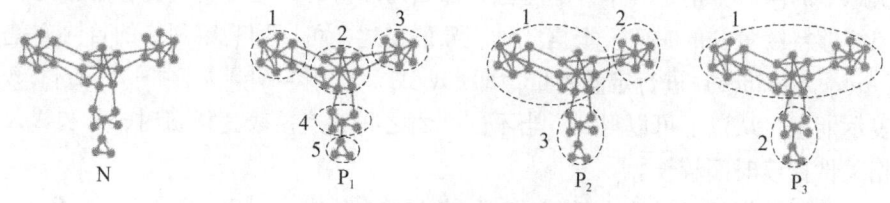

图 4-1 多尺度模块结构示意
图中的数字是社团的标号

团结构识别算法，需要在算法中设置相应的调控因子，而不同的调控因子对应不同的网络分割状态。通过改变不同的调控因子，识别社团的多尺度性。

4.1.1　Stability 方法

Delvenne 等提出了一种衡量模块性能的目标函数 Stability[1]，通过优化 Stability 不仅可以识别网络中的社团结构，而且可以揭示社团结构的多尺度性。假设一个无向、无权重、连通的网络（或称为图），含有 N 个结点和 M 条边，其连接矩阵为 A，如果两个结点 i 和 j 之间有边存在，那么 A_{ij} 中对应的元素值为 1，反之为 0。一个结点 i 的度表示为 d_i，网络的度对角矩阵为 $D = \mathrm{diag}(d)$。网络上的随机游走模型可以表示为相关的马尔可夫链（Associated Markov Chain）。在随机游走模型中，一个结点转移到其他结点的概率为 $\dfrac{1}{d_i}$，对于网络中的任意结点，可以得到转移概率向量 P，P 可以表示为：

$$P_{t+1} = P_t D^{-1} A \equiv P_t Z. \tag{4-1}$$

其中，P_t 是一个 $1 \times N$ 的归一化概率向量；Z 是转移矩阵。式（4-1）在收敛的状态下，P_t 的值记为 π（即 $\pi = \pi Z$），$\pi = \dfrac{d^{\mathrm{T}}}{\sum_i d_i} = \dfrac{d^{\mathrm{T}}}{2M}$。用 Π 符号代表 π 的对角矩阵，$\Pi = \mathrm{diag}(\pi)$。

假设网络被分成 c 个不重叠的社团，可以把结点所属的社团表示为一个 $N \times c$ 的矩阵 H。H 每一行代表此结点所属的社团，其中当该结点属于某一社团时，在 H 中对应的元素为 1，其余为 0。当给定网络分割状态时，对式（4-1）进行分析。如果给 c 个社团中的每一个社团中的结点赋予一个不同的实值 α_i，那么随机变量 $(X_t)_{t \in N}$ 应该由一些列的 α_i 值构成。如果某一状态下的网络分割是一个好的分割，那么与随机的网络分割相比，希望此状态能够持续较长的时间。根据此种现象的描述，可以用观察网络的自协方差（Autocovariance）进行定量衡量，即 $\mathrm{cov}[X_t, X_{t+\tau}] = E[X_t X_{t+\tau}] - E[X_t]^2$，$E$ 表示期望。从以上可以得到，当不同社团之间的连接较为稀疏时，X_t 和 $X_{t+\tau}$ 相关性持续时间较长。

为了更好地描述 Stability，把 X_t 的协方差写成 $\mathrm{cov}[X_t, X_{t+\tau}] = \alpha^{\mathrm{T}} R_\tau \alpha$，其中 α 为 c 个社团的标签向量，R_t［见式（4-2）］为网络的聚类的自协方

第四章 多尺度模块结构及其应用

差矩阵,它描述了社团之间转移概率的 t 步(t 为迭代的次数)依赖性,即 R_t 中每一个元素 $(R_t)_{ij}$ 对应的是 t 步之后从社团 i 转移到社团 j 之间的概率减去两个独立游走者 i 和 j 之间的转移概率(收敛状态下)。

如前所述,在给定的时间范围内,一个好的网络分割应该有较高的似然值,对于聚类的自协方差矩阵(Clustered Autocovariance Matrix),一个好的网络分割意味着其对角线的元素值$(R_t)_{ii}$比非对角线的元素值要大。通过以上描述,可以定义聚类的 Stability 值:

$$r(t;H) = \min_{0 \leq s \leq t} \sum_{i=1}^{c} (R_s)_{ii} = \min_{0 \leq s \leq t} trace[R_s]。 \quad (4-2)$$

式(4-2)表明,在给定的时间 t 范围内,好的网络分割应具有较大的 Stability 值和 R_t 迹(trace)值。需要注意的是,Stability 最大值的定义要满足从 0 时刻到 t 时刻这一段时间内的最大值。但是,对于二分图(Bipartite Graphs),其 Stability 值赋予较小的值,主要是因为在二分图中,有很大的概率从一个社团离开进而又很快回到此社团内。

Stability 值可以很好地衡量不同网络分割的性能好坏。在一定的时间范围内,对于不同的网络分割状态,计算它们的 Stability 值,其值最大的即为网络的最优分割。因此,对于任意一个马尔可夫时间点 t,寻找 Stability 值最大的网络分割即为 Stability 方法的最终结果:

$$r(t) = \max_{H} r(t;H)。 \quad (4-3)$$

与其他单尺度的方法不同,Stability 方法能揭示网络的多尺度特性,即在一定的范围内,首先,设置不同的马尔可夫时间点 t_1,对于每一个时间点,寻找 Stability 最大值的网络分割即为 Stability 方法的结果 P_{t_1};然后,改变 t 值,得到网络分割状态 P_{t_2};最后,设置一系列 t 值,可以得到一系列网络的分割状态,这些网络分割状态中社团的尺度(或大小)从小到大逐步变化,进而揭示网络社团的多尺度特性。图 4-2 给出了一个用 Stability 方法揭示网络社团结构的多尺度特性示意。图 4-2a 是一个含有 379 个结点的科学家的合作网络,当 $t=1$ 时(图 4-2b),此网络被分割成 21 个社团;当 $t=10$ 时,网络被划分成 5 个社团。随着 t 的增大,网络被划分成社团的个数逐步减少,而社团内包含的结点越来越多,即社团的尺度越来越大。

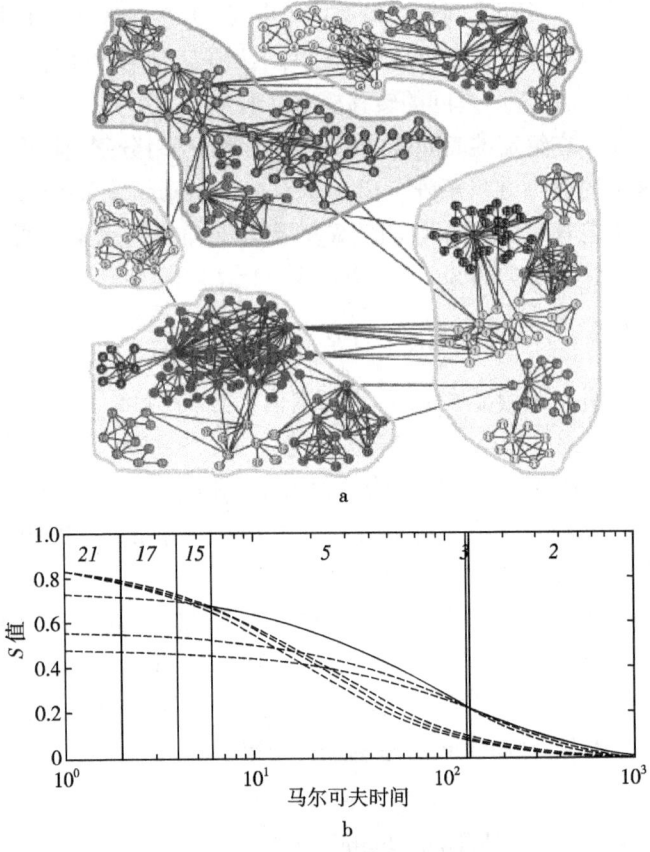

图 4-2 Stability 方法揭示网络社团结构的多尺度特性[1]

图 b 中数字 21、27 等表示模块的个数

下面给出 Stability 方法的代码（Delvenne 等写的代码可从网站：http://michaelschaub.github.io/PartitionStability/下载）。

```
function[coms,Qs] = mscd_so(adj,ps)
% Check there is at least one scale parameter
    if (nargin < 2) || isempty(ps)
        error('One scale parameter value at least is required:ms_so(adj,ps)');
    end
    % Transition matrix M
    D = diag(sum(adj,2)');
    M = D \ adj;
```

```
for i = 1:length(adj)
    Nbs{i} = find(adj(i,:));
    Nbs{i}(Nbs{i} ==i) = [];
end
% Previously computed times and matrices
    M1 = [];
    M2 = [];
    p1 = -inf;
    p2 = -inf;
% Total weight m and its double m2
    m2 = sum(sum(adj));
    m = m2/2;
% Initial community partition:each node in one separate community
    com = 1:length(adj);
% Compute community partition for the current parameter
    for p_idx = 1:length(ps)
        % Current parameter value
        p = ps(p_idx);
        dp = p - floor(p);
        if dp == 0
            if p == 1
                adj_p = adj;
            else
                if p == p2
                    M1 = M2;
                elseif p == p2 + 1
                    %fprintf('P2:%g = %g + 1\n',p,p2);
                    M1 = M2 * M;
                elseif p == p1 + 1
                    %fprintf('P1:%g = %g + 1\n',p,p1);
                    M1 = M1 * M;
                elseif p == p1 * 2
```

```
            %fprintf('P1:%g = %g * 2\n',p,p1);
            M1 = mpower2(M1,2);
        elseif p == p2 * 2
            %fprintf('P2:%g = %g * 2\n',p,p2);
            M1 = mpower2(M2,2);
        else
            %fprintf('Regular power %g\n',p);
            M1 = mpower2(M,p);
        end
        p1 = p;
        M2 = [];
        p2 = -inf;
        adj_p = D * M1;
    end
else
    fp = floor(p);
    if fp == p1
        if fp+1 ~= p2
            M2 = M1 * M;
            p2 = p1 + 1;
        end
    elseif fp == p2
        M1 = M2;
        p1 = p2;
        M2 = M1 * M;
        p2 = p1 + 1;
    else
        M1 = mpower2(M,fp);
        p1 = fp;
        M2 = M1 * M;
        p2 = p1 + 1;
    end
```

```
        adj_p = D * ((1-dp) * M1 + dp * M2);
end
% Degree vector
d = sum(adj_p,2);
% Total weight of a community
ucom = unique(com);
for i=1:length(ucom)
    wcom(i) = sum(d(com==ucom(i)));
end
% Neighbours list for each node on adj_p
if p == 1
    Nbs_p = Nbs;
else
    for i=1:length(adj_p)
        Nbs_p{i} = find(adj_p(i,:));
        Nbs_p{i}(Nbs_p{i}==i) = [];
    end
end
% Initial Q value
Q = compute_Q(adj_p,com,m2,d);
% While changes can be made
check_nodes = true;
check_communities = true;
while check_nodes
    if debug() fprintf('SO big loop\n');end
    % Nodes moving
    moved = true;
    while moved
        if debug() fprintf('Node loop\n');end
        moved = false;
        % Create list of nodes to inspect
        l = 1:length(adj_p);
```

```
% While the list of candidates is not finished
while ~isempty(l)
    % Pick at random a node n from l and remove it from l
    idx = randi(length(l));
    n = l(idx);
    l(idx) = [];
    % Find neighbour communities of n
    ncom = unique(com(Nbs{n}));
    ncom(ncom == com(n)) = [];
    % For each neighbour community of n
    best_dQ = 0;
    nb = Nbs_p{n};
    nb1 = nb(com(nb) == com(n));
    sum_nb1 = -sum(adj_p(n,nb1));
    w1 = wcom(com(n)) - d(n);
    for i = 1:length(ncom)
        % Compute dQ for moving n to current community
        c = ncom(i);
        nb2 = nb(com(nb) == c);
        dQ = sum_nb1+sum(adj_p(n,nb2));
        dQ = dQ + (d(n) * (w1-wcom(c)))/m2;
        % If best so far, keep track of the move
        if dQ > best_dQ
            % Check the move is not breaking a component
            nodes_com = com == com(n);
            nodes_com(n) = false;
            comp = adj(nodes_com,nodes_com);
            % Authorised move
            if isempty(comp) || is_connected(comp)
                best_dQ = dQ;
                new_c = ncom(i);
            end
```

```
        end
    end
    % If a move is worth it, do it
    if best_dQ > 0
        wcom(com(n)) = wcom(com(n)) - d(n);
        wcom(new_c) = wcom(new_c) + d(n);
        % Update community of n
        com(n) = new_c;
        % Update Q
        Q = Q + best_dQ/m;
        %%%%%%%%% DEBUG %%%%%%%%
        if debug()
            fprintf('Move node %g:Q=%g\n',n,Q);
            eqQ = compute_Q(adj_p,com,m2,d);
            if abs(Q - eqQ) >= 0.00001
                fprintf('Node Warning:found Q=%f,should be Q=%f. Diff = %f\n',Q,eqQ,abs(Q-eqQ));
                fprintf('Correcting\n');Q = eqQ;
            end
        end
        % A move occured
        moved = true;
        check_communities = true;
    end
end
end % Nodes
check_nodes = false;
if ~check_communities
    break;
end
% Community merging
moved = true;
```

```
while moved
    %fprintf('Community loop\n');
    moved = false;
    % Create community list cl
    cl = unique(com);
    % While the list of candidates is not finished
    while ~isempty(cl)
        % Pick at random a community cn from cl and remove it from cl
        idx = randi(length(cl));
        cn = cl(idx);
        cl(idx) = [];
        % Find neighbour communities of cn
        ncn = find(com==cn);
        nbn = unique([Nbs{ncn}]);
        ncom = unique(com(nbn));
        ncom(ncom == cn) = [];
        % For each neighbour community of cn
        best_dQ = 0;
        sum_dn1 = sum(d(ncn));
        for ncom_idx=1:length(ncom)
            % Compute dQ for merging cn with current community
            n2 = com==ncom(ncom_idx);
            dQ = sum(sum(adj_p(ncn,n2))) - sum_dn1 * sum(d(n2))/m2;
            % If positive, keep track of the best
            if dQ > best_dQ
                best_dQ = dQ;
                new_cn = ncom(ncom_idx);
            end
        end
        % If a move is worth it, do it
```

第四章 多尺度模块结构及其应用

```
            if best_dQ > 0
                % disp('Move com');
                % Update total weight of communities
                wcom(new_cn) = wcom(new_cn) + wcom(cn);
                wcom(cn) = 0;
                % Merge communities
                com(ncn) = new_cn;
                % Update Q
                Q = Q + best_dQ/m;
                %%%%%%%%% DEBUG %%%%%%%%
                if debug()
                    fprintf('Merge communities %g and %g:Q=%g\n',cn,new_cn,Q);
                    eqQ = compute_Q(adj_p,com,m2,d);
                    if abs(Q - eqQ) >= 0.00001
                        fprintf('Com Warning:found Q=%f,should be Q=%f. Diff = %f\n',Q,eqQ,abs(Q-eqQ));
                        fprintf('Correcting\n');Q = eqQ;
                    end
                end
                % A move occured
                moved = true;
                check_nodes = true;
            end
        end
        end % Communities
        check_communities = false;
end % while changes can be made
% Reindexing communities
ucom = unique(com);
for i=1:length(com)
    com(i) = find(ucom==com(i));
```

```
        end
        % Storing best community found for current parameter value
        coms{p_idx} = com';
        Qs(p_idx) = Q;
    end % for p
end
% Compute the value of Q for the given partition
function[Q] = compute_Q(adj,com,m2,d)
    Q = 0;
    for i=1:length(adj)
        Q = Q + adj(i,i);
        for j=i+1:length(adj)
            if com(i) == com(j)
                Q = Q + 2*(adj(i,j) - (d(i)*d(j))/m2);
            end
        end
        Q = Q - (d(i)*d(i))/m2;
    end
    Q = Q / m2;
end
% Debug switch:on = {true,false}
function[on] = debug()
    on = false;
end
```

4.1.2 基于改进模块度的多尺度方法

模块度（Modularity, Q）的提出引起了研究社团结构的一股热潮，它不仅是一种挖掘社团结构的方法，而且是一种衡量不同社团结构识别的标准（即 Q 值越大，方法越好）。但是，基于模块度的方法存在分辨率极限（Resolution Limit）的问题。其缺点主要表现在3个方面：一是即使网络有很强的社团结构，但是基于模块度的方法仍不能识别它们；二是基于模块的方法只能识别较大的模块,而无法识别较小的模块,即模块分辨率的问题,模块分辨率的问题也可称为网络的欠分割问题;三是不具有社团结构的网络也可能拥有较大的模块度值。图 4-3 是一个树状结构网络示意[2],它没有任何社团结构属性,但是它却具有较高的模块度值。不具有社团结构的网络却有较好的模块度值,说明模块度的定义存在一定的问题。

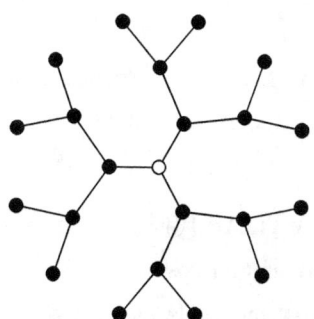

图 4-3 树状结构网络示意

为了解决以上问题,Arenas 等提出了一种改进的模块度定义方法(简写为 RB 方法)[3]。改进的模块度 Q_r 定义如下:

$$Q_r = \sum_{s=1}^{m} \left(\frac{2w_{ss} + n_s r}{2w + Nr} - \left(\frac{w_s + n_s r}{2w + Nr} \right)^2 \right) \text{。} \quad (4-4)$$

其中,m 表示网络分割社团的个数;w_{ss} 表示社团 s 中内部边的强度,即社团 s 中边的权重之和;$2w$ 是网络中所有边的权重之和;n_s 是社团 s 中结点的个数;N 表示网络中所有的结点个数;w_s 表示与社团 s 中结点相连的边的权重之和;r 是可变的参数,r 的大小可以揭示网络的多尺度特性。当 $r=0$ 时,Q_r 的定义等于模块度的定义,即 $Q_r = Q$;当 $r > 0$ 时,RB 方法发现的是网络中更大的社团;当 $r < 0$ 时,RB 方法发现的是网络中更小的社团。因此,当设置的 r 值逐步增大时,RB 方法能发现网络中从小到大的模块结构。r 值的最大值选取要满足:$w_{ij} < \frac{(w_i + r)(w_j + r)}{2w + Nr}$,其中 w_i 和 w_j 分别表示与社团 i 和 j 中结点相连的边的权重之和。当 r 取最大值时,网络中每一个结点被分成一类。r 的最小值为 $-\frac{2w}{N}$,此时网络中所有的结点被分割成一个社团。与模块度的方法相比,RB 方法能很好地发现一些网络的多尺度社团结构,如图 4-4 所示。

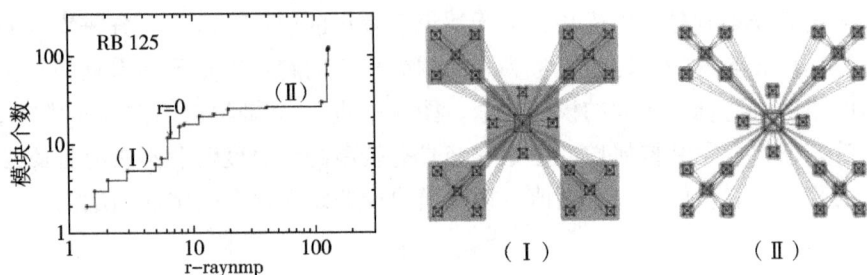

图 4-4 RB 方法发现的网络多尺度示意

（Ⅰ）和（Ⅱ）图为 RB 方法发现的两种网络分割状态，（Ⅰ）图中含有 5 个模块，
（Ⅱ）图中含有 25 个模块

下面给出 RB 方法的 MATLAB 代码。

```
function[ coms,Qs ] = mscd_afg( adj,ps )
% Check there is at least one scale parameter
if ( nargin < 2 ) || isempty( ps )
    error('One scale parameter value at least is required:ms_afg( adj,ps )');
end

% Neighbours list for each node
for i = 1:length( adj )
    Nbs{i} = find( adj(i,:) );
    Nbs{i}( Nbs{i} == i ) = [ ];
end

% Initial community partition:each node in one separate community
com = 1:length( adj );

% Compute community partition for the current parameter
for p_idx = 1:length( ps )

    % Current parameter value
    p = ps( p_idx );
    %fprintf('r = %g\n',p );
```

```
% Compute current adj
adj_p = adj + p * eye(length(adj));

% Total weight m and its double m2
m2 = sum(sum(adj_p));
m = m2/2;

% Degree vector
d = sum(adj_p,2);

% Total weight of a community
ucom = unique(com);
for i=1:length(ucom)
    wcom(i) = sum(d(com==ucom(i)));
end

% Initial Q value
Q = compute_Q(adj_p,com,m2,d);

% While changes can be made
check_nodes = true;
check_communities = true;
while check_nodes
% disp('AFG big loop');

    % Nodes moving
    moved = true;
    while moved
        %fprintf('Node loop\n');
        moved = false;
```

```
% Create list of nodes to inspect
l = 1:length(adj_p);

% While the list of candidates is not finished
while ~isempty(l)

    % Pick at random a node n from l and remove it from l
    idx = randi(length(l));
    n = l(idx);
    l(idx) = [];

    % Find neighbour communities of n
    ncom = unique(com(Nbs{n}));
    ncom(ncom == com(n)) = [];
    % For each neighbour community of n
    best_dQ = 0;

    nb = Nbs{n};
    nb1 = nb(com(nb) == com(n));
    sum_nb1 = -sum(adj_p(n,nb1));
    w1 = wcom(com(n)) - d(n);

    for i=1:length(ncom)
        % Compute dQ for moving n to current community
        c = ncom(i);
        nb2 = nb(com(nb) == c);
        dQ = sum_nb1+sum(adj_p(n,nb2));
        dQ = (dQ + (d(n)*(w1-wcom(c)))/m2)/m;

        % If best so far, keep track of the best
        if dQ > best_dQ
            best_dQ = dQ;
```

```
                    new_c = ncom(i);
                end
            end

            % If a move is worth it, do it
            if best_dQ > 0

                % Update total weight of communities
                wcom(com(n)) = wcom(com(n)) - d(n);
                wcom(new_c) = wcom(new_c) + d(n);

                % Update community of n
                com(n) = new_c;
                % Update Q
                Q = Q + best_dQ;

                % A move occured
                moved = true;
                check_communities = true;
            end
        end
    end % Nodes
    check_nodes = false;

    if ~check_communities
        break;
    end

    % Community merging
    moved = true;
    while moved
        %fprintf('Community loop\n');
```

```
moved = false;

% Create community list cl
cl = unique(com);

% While the list of candidates is not finished
while ~isempty(cl)

    % Pick at random a community cn from cl and remove it from cl
    idx = randi(length(cl));
    cn = cl(idx);
    cl(idx) = [];

    % Find neighbour communities of cn
    ncn = find(com==cn);
    nbn = unique([Nbs{ncn}]);
    ncom = unique(com(nbn));
    ncom(ncom == cn) = [];

    % For each neighbour community of cn
    best_dQ = 0;

    sum_dn1 = sum(d(ncn));

    for ncom_idx = 1:length(ncom)
        % Compute dQ for merging cn with current community

        n2 = com==ncom(ncom_idx);
        dQ = (sum(sum(adj_p(ncn,n2))) - sum_dn1*sum(d(n2)))/m2)/m;

        % If positive,keep track of the best
```

```
                if dQ > best_dQ
                    best_dQ = dQ;
                    new_cn = ncom(ncom_idx);
                end
            end

            % If a move is worth it, do it
            if best_dQ > 0
                % Update total weight of communities
                wcom(new_cn) = wcom(new_cn) + wcom(cn);
                wcom(cn) = 0;

                % Merge communities
                com(ncn) = new_cn;
                % Update Q
                Q = Q + best_dQ;

                % A move occured
                moved = true;
                check_nodes = true;
            end
        end
    end % Communities
    check_communities = false;
end % while changes can be made

% Reindexing communities
ucom = unique(com);
for i=1:length(com)
    com(i) = find(ucom==com(i));
end
```

```
            % Storing best community found for current parameter value
            coms{p_idx} = com';
            Qs(p_idx) = Q;
        end % for p
end


% Compute the value of Q for the given partition
function[Q] = compute_Q(adj,com,m2,d)
    Q = 0;
    for i=1:length(adj)
        Q = Q + adj(i,i);
        for j=i+1:length(adj)
            if com(i) == com(j)
                Q = Q + 2 * (adj(i,j) - (d(i)*d(j))/m2);
            end
        end
        Q = Q - (d(i)*d(i))/m2;
    end
    Q = Q / m2;
end
```

4.1.3 基于映射方程（Map Equation）的多尺度方法

映射方程社团检测方法（简写为 Map 方法）通过利用信息理论中描述随机游走概念提出[4]，它通过对社团内部和社团间的转移编码实现社团检测，是目前最好的单尺度社团检测算法。但是此算法也存在以下问题：一是映射方程社团检测方法不能检测网络中过大的社团，即它检测的社团尺度有个上限（称为 The Field-of-View-Limit）。因此，对于稀疏的网络，映射方程社团检测方法可能存在过分割的现象。二是映射方程社团检测方法不能检测网络中的多尺度社团结构。

为了检测多尺度的社团结构，并充分利用映射方程社团检测方法的优

点,Schaud 等利用 Map Equation 概念分析随机游走过程:

$$P_{k+1}=P_k T(t)。 \quad (4-5)$$

其中,P 为转移概率向量;$T_{ij}(t)=\left[\mathrm{e}^{-tD^{-1}L}\right]_{ij}$($L=D-A$,$D$ 为网络的对角矩阵,A 为网络的邻接矩阵)是结点 i 和 j 在时刻 t 的转移概率。基于映射方程的多尺度方法中,当 $t \to 0$ 时,网络中每一个结点被划分成一个社团;当 $t \to \infty$ 时,网络中所有的结点被划分成一个社团。

4.1.4 基于结点距离的多尺度方法

与前面 3 种方法不同,Chen 等首先定义网络中任意两个结点之间的距离(或相似性);然后改变结点距离之间的参数,进而改变结点距离的大小;最后利用层次聚类的方法揭示复杂网络中多尺度的社团。[5] Chen 等提出的方法具体过程如下。

首先,利用式(4-6)定义网络中任意两个结点之间的距离,这种距离与温度 T 值有很大的依赖性,即结点之间的距离随着参数 T 的改变而改变。给定两个结点 N_A 和 N_B,它们之间的距离可用式(4-6)定义:

$$s_{AB}(T)=\exp\left\{-\frac{d(N_A,N_B)}{T}\right\}。 \quad (4-6)$$

其中,$d(N_A,N_B)=\min\limits_{\rho(N_A,N_B)}\sum\limits_{i=1}^{l_{AB}}H(b_{i-1,i})$,$l_{AB}$ 为最短路径,$\rho(N_A,N_B)$ 为最短路径的集合。从式(4-6)中可以看到:结点 N_A 和 N_B 之间的距离依赖于参数 T,当 T 值较大时,距离较小;当 T 值较小时,距离较大。通过计算可以得到网络结点之间的距离矩阵。

其次,利用层次聚类对第一步的距离矩阵进行聚类。在聚类的过程中,需要预先确定社团的个数。在此方法中,社团的个数与距离矩阵的特征值个数紧密相关,即大于 0 的特征值的个数即为社团的个数。

最后,通过从小到大设置不同的参数 T,可以得到网络的不同距离矩阵,对于不同的距离矩阵,使用层次聚类识别网络中的社团结构,进而揭示社团的多尺度性。图 4-5 给出了 Chen 等提出的方法在 Karate 网络上的两种分割状态。

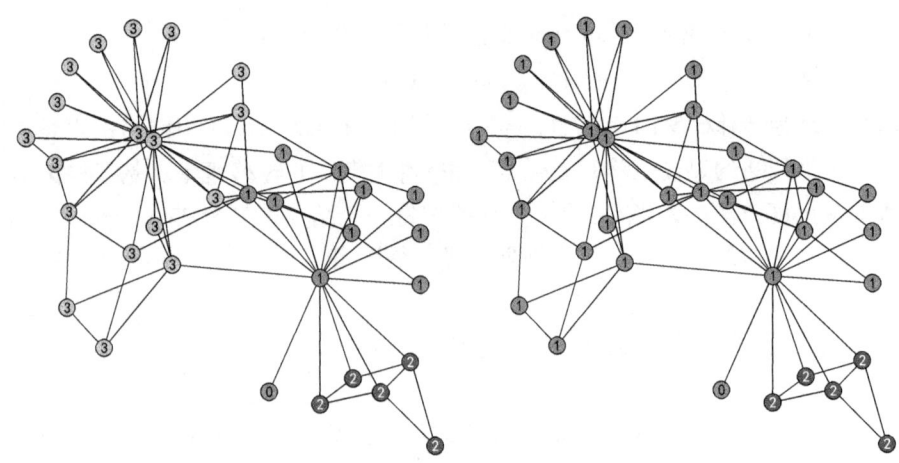

图 4-5　Chen 等提出的方法识别的 Karate 网络的两种分割状态

图中的数字表示社团的类别，同一标号的为同一社团内的结点

4.1.5　ISIMB 多尺度方法

ISIMB 多尺度方法由笔者提出[6]，并已成功地应用于挖掘生物网络中的多尺度模块结构。与其他多尺度方法相比，ISIMB 具有较好的稳定性和鲁棒性。该方法首先用 ISIM 相似性定义网络中任意两个结点的距离，然后利用层次聚类方法识别网络中的多尺度模块结构。在 ISIM 结点相似性中，提出一种受限的随机游走模型，这种受限的随机游走模型是通过一个改进的结点 i 和 j 之间的转移概率来实现的。给定一个包含 N 个结点和 M 条边的连通网络，在这里只考虑无权重和无方向的网络。网络的邻接矩阵可以表示为：$W = (w_{ij})_{N \times N}$，如果结点 i 和 j 之间有边相连，那么 $w_{ij} = 1$；如果结点 i 和 j 之间无边相连，那么 $w_{ij} = 0$。假设有一个游走者在 $t = 0$ 时刻从结点 i 开始，那么在 $t + 1$ 时刻游走者到达结点 j 的概率为：

$$P_{ij}(t+1) = (1-\alpha)\frac{1}{SP(i, j)} + \alpha \sum_{k=1}^{|U_i|} \frac{1}{d_i} P_{kj}(t) \ 。 \qquad (4-7)$$

其中，$SP(i, j)$ 表示结点 i 和 j 之间的最短路径；d_i 是结点 i 的度，d_i 在公式中起着归一化的作用；U_i 表示结点 i 的邻接结点；参数 α 是一个调控因子，用来平衡受限跳转和随机跳转之间的权重。

接下来进一步计算在整个网络上任意两个结点之间的转移概率矩阵 P，

第四章
多尺度模块结构及其应用

P 中的元素表示的是结点 i 和 j 之间的转移概率:

$$P(t+1) = (1-\alpha)SPV + \alpha WP(t) 。 \qquad (4-8)$$

其中,SPV 是一个 $N \times N$ 的矩阵,矩阵中的元素代表的是两个结点之间最短路径的倒数。在稳定的状态下,转移概率矩阵 P 收敛于以下公式:

$$P = (1-\alpha)(I-\alpha W)^{-1}SPV 。 \qquad (4-9)$$

其中,I 是一个 $N \times N$ 的单位矩阵。由于在转移概率矩阵 P 中,P_{ij} 不等于 P_{ji},因此,ISIM 的值是游走者从结点 i 转移到结点 j 的概率和结点 j 转移到结点 i 的概率的平均值:

$$S_{ij} = \frac{P_{ij} + P_{ji}}{2} 。 \qquad (4-10)$$

ISIM 结点相似性有 3 个明显的优势:第一,ISIM 的定义融合了最短路径,而最短路径信息在通信网络、互联网络及社会网络的模块结构形成过程中起着重要的作用,因为这些网络的模块结构呈现一定的星状结构。更重要的是,最短路径的局部信息和邻接结点的全局信息的融合使 ISIM 相似性能拟合不同类型网络的模块组织,如在生物网络中,小的模块呈现星状结构,大的模块具有较高的密度。第二,与其他模型相比,利用受限的随机游走模型,ISIM 相似性能有效整合网络的局部和全局的拓扑结构,并且这两种结构通过调控因子 α 控制。第三,ISIM 结点相似性是在一个收敛的空间中定义的,因此,这种特性使 ISIM 相似性对含有噪声和不完备的生物网络具有较强的稳定性与可靠性。与其他方法相比,ISIM 结点相似性对谱聚类中的操作子和迭代次数具有不敏感性。

在以前的研究中,我们使用 ISIM 结点相似性来分析网络中一种特定的网络分割状态。在本研究中,我们要使用 ISIM 结点相似性来分析生物网络中的多尺度特性,要使用 ISIM 来分析网络中的多尺度模块,需要解决以下几个问题:第一,如何选择合理的参数 α,并且当参数 α 变化时能够产生用于揭示多尺度模块的相似性矩阵?第二,对于产生的不同相似性矩阵,如何揭示网络中的多尺度模块结构?

针对第一个问题,我们定量地证明了参数 α 融合了网络的局部和全局信息,并且随着 α 的变化,得到的相似性矩阵也能获得显著性的变化。因此,只要在 0~1 内均匀地筛选参数即可。在本研究中,我们把对多尺度模块的揭示转化为产生一系列不同相似性矩阵的问题。对于第二个问题,依据不同的相似性矩阵,我们使用层次聚类算法来分割网络。层次聚类算法是一种经典且非常有效的无监督算法,在不同的领域都有广泛的应用,也被成功地应用到模块挖掘领域[7-8]。但是,层次聚类算法也有一些缺陷,如需要预先输入网络中模块的个数。值得一提的是,在我们提出的算法中,模块的个数和相似性矩阵的特征值有着密切的联系,即模块的个数是矩阵特征值显著性大于 0 的个数[9-10]。

使用调控因子 α 和层次聚类,ISIMB 方法可以揭示生物网络中的多尺度模块结构。对于一个生物网络:首先,从 0.01 ~ 0.999 的范围内筛选 60 个参数 $[\alpha_1, \cdots, \alpha_x, \cdots, \alpha_{60}]$;其次,对任意一个参数 α_x,利用公式 ISIM 计算网络的相似性矩阵 SM_x;再次,使用全连接层次聚类算法,对每一个网络的相似性矩阵 SM_x 建立其层次系统树 MT_x;最后,分割系统树,进而实现网络模块的挖掘 PA_x。在分割系统树过程中,需要预先设置模块的个数,而模块的个数和相似性矩阵 SM_x 的特征值 $[\lambda_1, \lambda_2, \cdots, \lambda_N]$ 紧密关联,即模块的个数是特征值显著性大于 0 的个数。在本研究中,设置模块的个数是相似性矩阵特征值大于 0.2 的个数。通过对每一个相似性矩阵的聚类分析,得到了一个网络的 60 种多尺度的模块结构 $[PA_1, \cdots, PA_x, \cdots, PA_{60}]$。

下面给出 ISIMB 算法的主要代码(MATLAB)。

```
Function multiscale_community_label = ISIMB_multiscale_community_detection(node_number)
%------ This code for multi-scale community detection

%------ Load ISIM similarity matrixs for hierarchical clustering
file = dir('.\similarity_matrixes\*.mat');
%------- Initialization
alpha_parameter = 1:length(file);
multiscale_community_number = zeros(1,length(file));
multiscale_community_label = zeros(node_number,length(file));

for file_number = 1:length(file)
    dis_matrix = importdata(['.\similarity_matrixes\',file(file_number).name]);
%------ Initialize the distance matrix D
```

```
D = dis_matrix;
D = D.*(ones(node_number,node_number)-eye(node_number));
%------ Symmetrization D
D = (D+D')/2;


%------ Getting the eigenvalues of D and setting the number of communities
eigen_value = eig(D);
multiscale_community_number(1,file_number) = length(find(eigen_value > 0.2));


%------ Reciprocal D
    D = D+eye(node_number);
    D = ones(node_number,node_number)./D;
    D = D-eye(node_number);


%------ Geting distance vertor for hierarchical clustering
dis_vector = zeros(1,(node_number*(node_number-1))/2);
index_value = 0;
for i = 1:(node_number-1)
    for j = (i+1):node_number
        index_value = index_value+1;
        dis_vector(1,index_value) = D(i,j);
    end
end


%------ Starting hierarchical clustering
Z = linkage(dis_vector,'complete');
if (multiscale_community_number(1,file_number)>0)
    multiscale_community_label(:,file_number) = cluster(Z,'maxclust',multiscale_community_number(1,file_number));
else
```

甲骨字网络及其特性初步探索

```
        multiscale_community_label(:,file_number)= cluster(Z,'maxclust',1);
end
end

%------ Figure results
plot(alpha_parameter,multiscale_community_number,'b','LineWidth',1);
set(gca,'XTick',[1 10 20 30 40 50 60]);
set(gca,'XTickLabel',[0.01 0.23 0.48 0.73 0.87 0.97 0.999]);
xlabel('Parameter alpha');
ylabel('Number of communities');
Ylim([0 max(multiscale_community_number)+1])
%------ Svaing the results
save .\\multiscale_community_label multiscale_community_label
save .\\multiscale_community_number multiscale_community_number
```

4.2 不同多尺度方法的性能

为了验证不同多尺度方法的有效性，使用3个标准的网络来做实验。与此同时，3种其他的多尺度模块检测方法也被使用，用来与ISIMB方法进行比较。这3种多尺度方法主要是Stability方法、Map方法和RB方法，进而揭示网络的多尺度性。

第一个合成的网络是H15-2网络[3]（图4-6a），这是一个异质的网络，拥有两个预先设置的网络层次分割状态（图4-6b）。H15-2网络包含256个结点，其构建层次模块结构的方法如下：在最里层的模块结构中包含16个模块，每个模块含有16个结点，并且结点的度为15。在外一层的模块结构中含有4个大的模块，而每个模块含有里一层的4个小模块，4个大模块中的结点之间连接边数为2，而剩余的256条边随机地分布在网络结点之间。图4-7给出了用4种方法得到的网络多尺度结构，ISIMB方法挖掘网络中模块的个数随着参数α的变化曲线，在Stability方法、Map方法、RB方法中给出了网络的模块个数随着马尔可夫时间点变化的曲线。

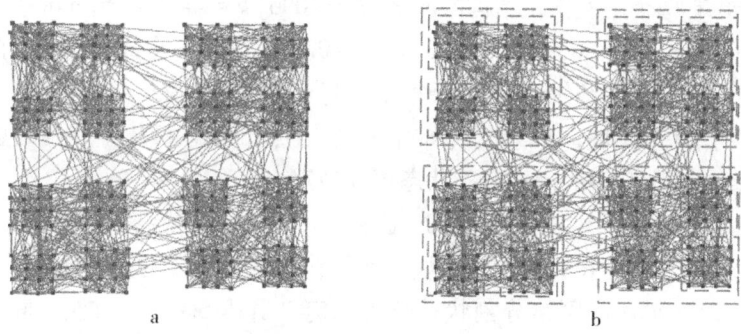

图 4-6　H15-2 网络结构示意图及网络的两种层次模块结构

从图 4-7 中可以清楚地看到，ISIMB 方法和 Map 方法都能有效地揭示 H15-2 网络中预先设置的两种层次模块结构。不仅如此，还发现含有 16 个模块的网络分割状态比含有 4 个模块的网络分割状态更为稳定，这一结果和网络模块的同步性分析是一致的[11]。虽然 Stability 方法和 RB 方法能挖掘两种层次的模块状态，但是前者的网络分割状态更为稳定，而这种网络分割和基于模块度优化的挖掘算法极为相似。实际上，Stability 方法是模块度方法的扩展。因此，Stability 方法很有可能会继承一些基于全局方法的缺陷。

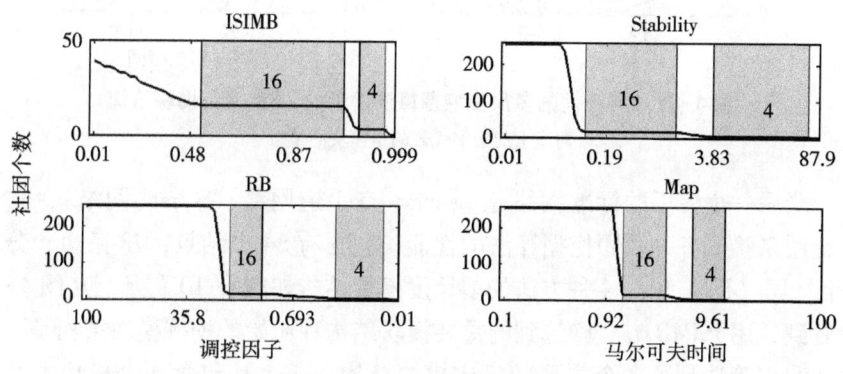

图 4-7　4 种不同方法揭示的 H15-2 网络多尺度模块结构

曲线上的数字代表的是模块的个数

第二个合成的网络是由 Lancichinetti 提出的 LFR 标准网络[12]。与生成的其他合成网络一样，生成具有层次结构的网络也需要预先设置网络的一些参数，如网络的结点个数、结点度数的最大值和平均值、内层网络社团的最大和最小结点数及外层社团的最小和最大结点数等。我们使用以下参数生成了一个含有两个层次模块结构的网络：$N=1000$，$k=\max k=16$，$\min c=\max c=10$，$\min C=\max C=50$，$m\mu1=0.03$，$m\mu2=0.08$。生成的合成网络含有两层模块结构：第一层次结构含有 40 个模块，每个模块包含 25 个结点，第二层次结构含有 20 个模块，每个模块含有 50 个结点。根据 LFR 生成网络机制发现，含有 40 个模块的网络分割状态更为稳定。

图 4-8 给出了 4 种不同的多尺度挖掘算法揭示模块结构的结果。ISIMB 方法能发现与预先设置的网络模块层次结构。更为重要的是，ISIMB 方法发现含有 40 个模块的网络分割状态较为稳定。虽然 Stability 方法、Map 方法和 RB 方法都能发现这两个层次状态，但是它们都认为含有 20 个模块的网络分割状态较为稳定。

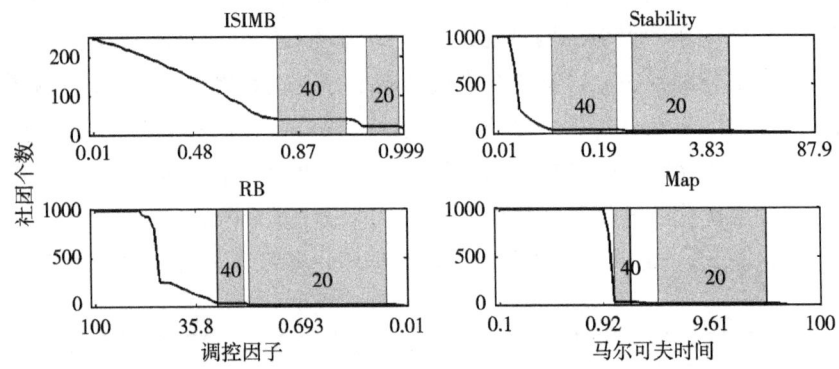

图 4-8　4 种不同的多尺度挖掘算法揭示的 LFR 网络模块结构
曲线上的数字代表的是模块的个数

最后一个使用的标准网络是 Zachary 空手道网络（Karate 网络），它被广泛用来验证各种社团挖掘算法的性能。它含有 34 个结点，78 条边，分成 2 个社团（图 4-9）。4 种方法的多尺度模块结构如图 4-10 所示。从图 4-10 中看到，用 ISIMB 方法筛选到的重要模块结构和原始的挖掘模块结构是一致的。我们筛选到了 2 个主要的稳定模块结构，一个是包含 4 个模块的结构（图 4-11b）；另一个是含有 2 个模块的结构（图 4-9）。我们也给出了含有 3 个社团的网络分割（图 4-11a）。含有 4 个模块的网络分割状态比含有 2 个模块的网络分割状态更稳定。从模块度来看，它的模块度 Q（定义见第一章后参考文献 [8]）值为 0.4112，比含有 2 个模块的状态下的模块度更高。模块度是从全局视角定义的模块挖掘方法。从局部视角定义的模块来说，如分割密度 D 值[13]，含有 4 个模块的网络分割状态也比含有 2 个模块的网络分割状态稳定性要高。因此，无论从全局定义的模块度来看还是从局部定义的分割密度来看，含有 4 个模块的网络分割状态取得的值（包含 Q 值和 D 值）都比含有 2 个模块的网络分割状态的高，说明前者状态较为稳定。RB 方法虽然发现了两个稳定状态，但 RB 方法认为含有 2 个社团的结构更为稳定，这个结果和我们挖掘到的多尺度结果是不一致的。对于 Stability 方法，只发现了含有两个社团的稳定状态，但具有跳跃性，而 Map 方法并没有发现任何稳定的分割状态。从以上 3 种网络的多尺度分析来看，ISIMB 方法无论在合成的网络上还是在真实的标准网络上，都比 Stability 方法和 Map 方法表现出的性能良好，具有良好的鲁棒性。

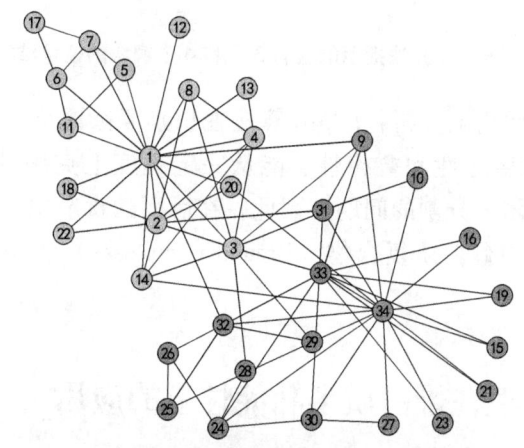

图 4-9 Karate 网络结构示意

结点的颜色代表所属模块类别

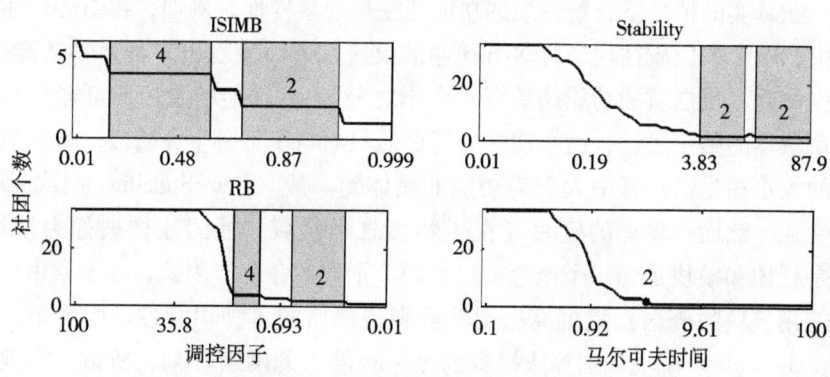

图 4-10 4 种方法揭示的 Karate 网络多尺度社团结构

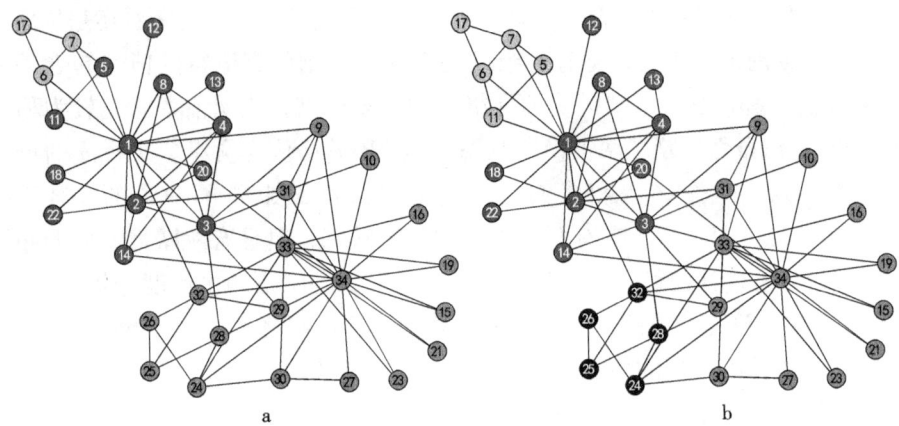

图 4-11　ISIMB 方法揭示的含有 3 个和 4 个模块的模块结构示意

从以上标准网络上分析，ISIMB 算法在识别复杂网络中的多尺度社团结构具有良好的稳定性和鲁棒性、能从一定程度上克服 Stability 方法和 Map 方法模块社团欠分割的问题。因此，在后面的章节中，使用 ISIMB 方法揭示生物网络中蛋白质复合物（Protein Complexes）和功能模块的多尺度性。

4.3　多尺度性在蛋白质多功能性上的应用

4.3.1　多尺度模块结构和蛋白质功能的关系

在真实的情况下，蛋白质的功能往往呈现多样性。例如，在新陈代谢过程中，一个蛋白质往往参与多条代谢的反应，进而表现出多种生物功能性。不仅如此，蛋白质的功能还具有"大小之分"，大功能的蛋白质可能参与了生命活动的整个过程，而小功能的蛋白质只参与了某一生命阶段。蛋白质功能的大小在生物过程中表现为功能的具体到一般（from Specific to General）的变化，然而，现有的模块（在生物信息学领域，社团往往被称为模块，但是社团和模块是同一个概念，只是两个不同的命名。因此，在本章中，我们使用模块的概念）挖掘算法无法解释蛋白质的多种功能性。因为单尺度（Single-scale）模块识别算法挖掘的是一种静态的网络分割，所以，需要我们开发动态的网络分割算法。多尺度模块识别算法能随着调控因子的变化解释模块的从小到大的变化过程，是动态的识别算法。多尺度模块结构是否能够解释蛋白质功能的多样性？多尺度模块结构和蛋白质功能的多样性具有什么样的关系呢？

为了回答以上问题，从下面的现象入手。用模块识别方法预测的功能模块通常用基因本体论（Gene Ontology，GO）[14]注释。下面以图4-12N描述的网络为例对其进行解释。在基因本体论中，GO术语（GO Term）通过有向非循环图（Directed Acyclic Graph，DAG）组织成层次结构。图4-12D给出了一个含有8个GO术语构成的DAG示意，其中ID1~ID8表示的是GO术语的7位ID号。处于DAG较上层的GO术语（如图4-12D中的GO：ID1）注释蛋白质较一般（General）的生物功能，而处于较低层的GO术语（如图4-12D中的GO：ID4~GO：ID8）注释蛋白质较具体（Specific）的生物功能。假设用以上介绍的某种算法识别出网络的3个模块（网络的分割状态如图4-12P_1所示），分别为P_11、P_12和P_13。通过功能模块注释工具，可得到其3个模块和3个GO术语之间的注释关系如图4-12AM_1所示。然而，用以上方法识别的蛋白质功能存在以下两个客观不足：①这些方法只能识别网络的一种分割状态（因此，以上方法也可以称为单尺度方法），而模块中的蛋白质只能被某一层的GO术语注释，如果蛋白质拥有更具体的生物功能，我们无法预测，如网络N中的蛋白质是否被GO：ID4~GO：ID8中的术语所注释。②在GO中，注释遵循"真途径"法则[14]，即当某一个模块被某一GO术语所注释，则该模块被其所有的父术语所注释，如在图4-12P_1中模块P_11和P_12分别被其父GO术语GO：ID1注释，但是这种通过查找基因本体论的方式注释蛋白质的一般生物功能费时又费力。因此，用以上方法预测蛋白质功能，不能自动预测同一网络中哪些蛋白质拥有更一般的生物功能。从上面的分析中得知，现有基于模块结构的蛋白质功能预测方法无法预测蛋白质从具体到一般的层次生物功能。因此，本节使用ISIMB方法揭示生物复杂网络中的蛋白质复合物和功能的多尺度特性。

4.3.2 生物网络数据

我们使用ISIMB方法分析PPI网络和基因相互作用网络中功能模块的多尺度性，这两个生物网络被Dutkowski等用来验证网络的模块层次结构和GO注释的树状结构[15]。这里使用的第一个网络包含了3401个蛋白质和

13 298 条高质量的蛋白质相互作用对,通过去除孤立的蛋白质,共得到一个含有 3277 个结点和 13 225 条边的 PPI 网络。为了验证不同算法的有效性,我们使用 GO 注释树对预测的结果进行定量评估,这些 GO 注释树从网站 http://www.yeastgenome.org/上下载,并使用这些数据对 PPI 网络中的蛋白质进行分类,被同一个 GO 术语注释的蛋白质放在一个功能模块中,分类后,共得到 2868 个真实的功能模块,最小的功能模块只包含 1 个蛋白质,最大的功能模块包含了 1538 个蛋白质。模块越小,包含蛋白质的生物功能越具体;模块越大,包含蛋白质的生物功能越广泛。2868 个功能模块中共包含了 36 397 个蛋白质,因此,蛋白质在不同的功能模块中有很大程度的重叠。第二个网络是从 DRYGin 数据库[16]下载的基因相互作用网络,这个网络共包含 3090 个基因和 11 240 条高质量的相互作用边。预处理后,获得了一个含有 2867 个结点和 11 102 条边的网络。通过 GO 注释分析,2867 个基因分别划分到 2546 个功能模块中,其中最小的模块包含 1 个结点,最大的功能模块包含 965 个结点。同样,真实功能模块之间的蛋白质有很大的重叠性。

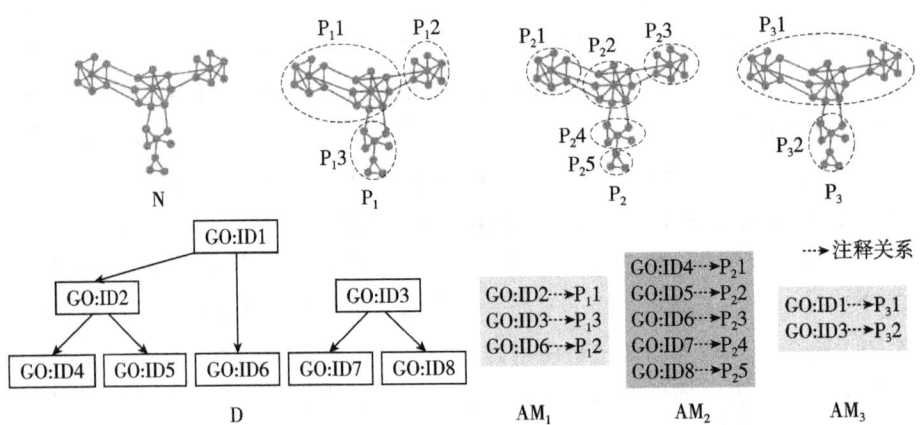

图 4-12 网络的多尺度模块结构、模块和注释关系间的关系

N 表示网络。P_1、P_2、P_3 表示网络的分割状态。虚线的椭圆代表模块,即椭圆内的结点属于同一个模块。文字 P_11 等表示模块名字。虽然模块 P_12 和 P_23,P_13 和 P_32 是同一个模块,但是在不同的分割状态中,所以标注不同的名字。D 代表含有 8 个 GO 术语的 DAG 示意,箭头表示术语和术语之间的关系,即 "Is-a" 和 "Part-of",因为是示意图,所以 D 中省去了箭头具体关系。ID1 等标号代表 GO 术语的 7 位 ID 号。AM_1、AM_2 和 AM_3 表示 GO 术语与模块之间的注释关系

4.3.3 蛋白质多功能性的识别

在本小节中，我们使用 ISIMB 方法分析蛋白质相互作用网络和基因相互作用网络中功能模块的多尺度性。对以上两个生物网络进行多尺度功能模块分析后，每一个网络都得到 60 种网络分割状态。对于每一种网络分割状态，使用 Acc 值[17]和 MMR 值两种衡量指标计算预测的模块结构和真实的功能模块之间的差异性。为了验证 ISIMB 方法的性能，我们使用 4 种单尺度方法（ClusterONE[18]、CMC[19]、MCODE[20]和 MINE[21]）对两个生物网络中的功能模块进行分析，并计算其对应的 Acc 值和 MMR 值。图 4-13 给出了 5 种方法对应的衡量指标值。从图中可以看到，在蛋白质相互作用网络中（图 4-13A1 和图 4-13A2），ISIMB 方法产生的大部分网络分割状态的 Acc 值和 MMR 值均大于 4 种单尺度方法产生的网络分割，说明我们的方法在分析多尺度特性过程中的每一次网络分割都是最优化的。同样，在基因相互作用网络中（图 4-13B1 和图 4-13B2），60 种网络分割状态的 Acc 值和 MMR 值均大于 4 种单尺度方法。不仅如此，从这些结果中还可以看到，不同方法在生物网络分析功能模块时，它们的 Acc 值和 MMR 值比蛋白质相互作用网络中的蛋白质复合物发现算法的值更低。这说明，生物网络中功能模块的分析更为复杂。具体计算如下：

$$ms = \frac{|R \cap P|}{|R \cup P|} ; \qquad (4\text{-}11)$$

$$Sn = \frac{\sum_{i=1}^{n} \max_j \{T_{ij}\}}{\sum_{i=1}^{n} R_i} ; \qquad (4\text{-}12)$$

$$PPV = \frac{\sum_{i=1}^{n} \max_j \{T_{ij}\}}{\sum_{j=1}^{m} \sum_{i=1}^{n} \{T_{ij}\}} ; \qquad (4\text{-}13)$$

$$Acc = \sqrt{Sn \cdot PPV} ; \qquad (4\text{-}14)$$

$$\omega(R, P) = \frac{|R \cap P|^2}{|R| \cdot |P|} ; \qquad (4\text{-}15)$$

$$MMR = \frac{\sum_{i=1}^{n} \max_j \{\omega_{ij}\}}{n}。 \tag{4-16}$$

其中，R 和 P 分别表示真实的和预测的模块；T_{ij} 表示第 i 个真实的模块和第 j 个预测的模块之间的交集；n 和 m 分别表示真实的和预测的模块个数。

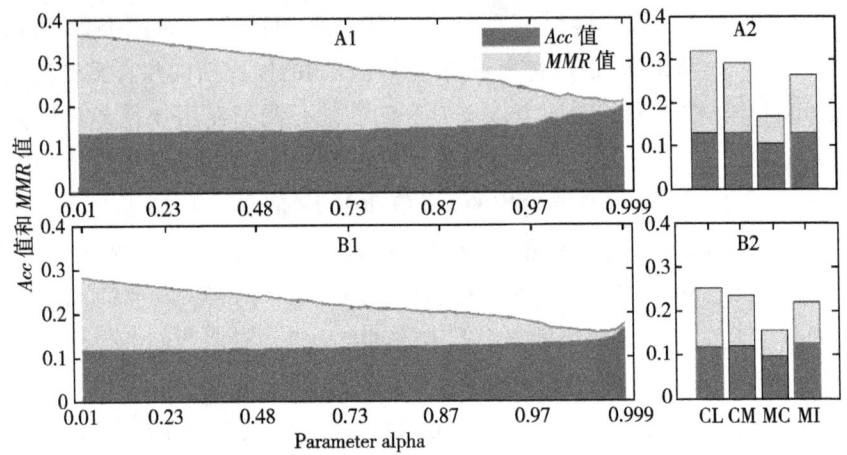

图 4-13 不同算法在两个生物网络上的 Acc 值和 MMR 值

CL、CM、MC 和 MI 分别表示 ClusterONE、CMC、MCODE 与 MINE 方法

同样，我们计算了 5 种方法的 Precision-Recall 曲线[22]。对于 ISIMB 方法，绘制了 Precision-Recall 曲线和调控因子 α 之间的关系，从此关系中看到，随着调控因子 α 的变大，ISIMB 方法的性能逐步变差。接下来对比了 5 种方法之间的 Precision-Recall 曲线图。从图 4-14 和图 4-15 中可以得到，在蛋白质相互作用网络中，由于 ClusterONE 方法识别的模块结构之间有重叠部分，因此，ClusterONE 方法的性能略微优于 ISIMB 方法。在基因相互作用网络中，ISIMB 方法的性能最优。

下面用两种方式对 ISIMB 方法的多尺度模块结构进行定量衡量。第一种方式，首先，对蛋白质相互作用网络中真实的功能模块进行划分。划分的规则是：求出真实功能模块的平均大小，然后按照平均大小把 2868 个功能模块分成两个部分。一部分含有较小模块，另一部分含有较大模块。同样，基因相互作用网络也划分为两个部分。其次，使用两部分真实的功能模块对预测的模块结构进行评估，其中 ISIMB 方法中的前 30 种网络分割状态与较小的功能模块进行对比，后 30 种网络分割状态与较大的功能模块进行对比，

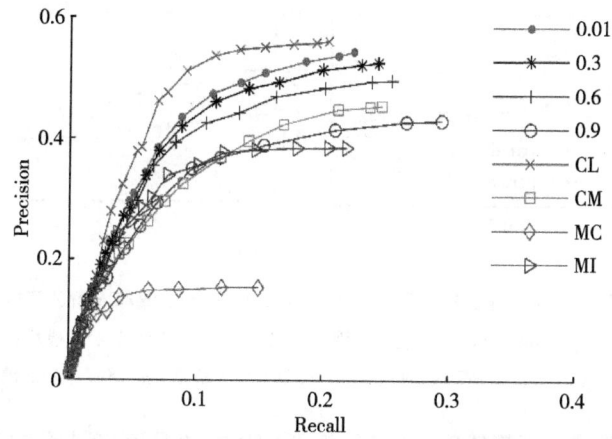

图 4-14 蛋白质相互作用网络上 5 种方法的 Precision-Recall 曲线

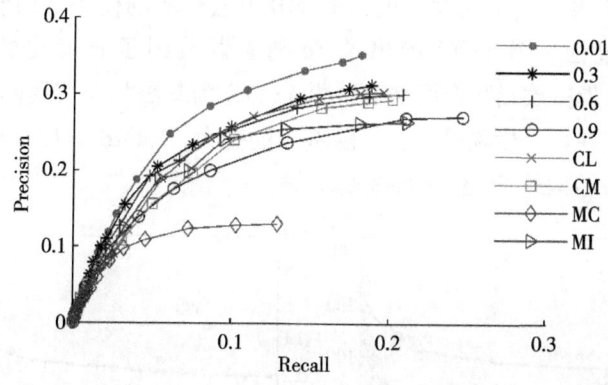

图 4-15 基因相互作用网络上 5 种方法的 Precision-Recall 曲线

并计算 Acc 值和 MMR 值。图 4-16 给出了使用原始的功能模块和分割的功能模块作为标准数据集的 Acc 值和 MMR 值。在蛋白质相互作用网络中（图 4-16A），当使用分割的功能模块作为标准与 ISIMB 方法的模块结构进行衡量时，它的 Acc 值和 MMR 值均大于原始情况下的 Acc 值和 MMR 值。在基因相互作用网络上（图 4-16B），虽然一小部分的 Acc 值和 MMR 值大于使用分割标准数据集的 Acc 值和 MMR 值，但是大部分情况下，后者的 Acc 值和 MMR 值大于前者的 Acc 值和 MMR 值。这说明，ISIMB 方法不仅能揭示网络的多尺度模块结构，而且多尺度的模块结构能很好地从具体到一般的视角反映功能模块的动态变化过程。

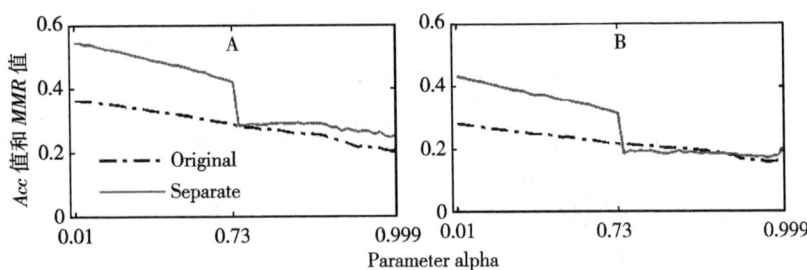

图 4-16 使用原始标准数据集和分割标准数据集下 Acc 值和 MMR 值的变化曲线

"Original"表示计算 Acc 值和 MMR 值时使用的标准数据集是 2868 个功能模块;"Separate"表示计算 Acc 值和 MMR 值时使用的标准数据集是划分后的 2868 个功能模块

第二种方式,用敏感度 Sn 来分析 ISIMB 方法是否能从具体到一般的视角来分析功能模块的动态变化过程。如果 Sn 的值随着 ISIMB 方法中的调节因子 α 的变大而逐步变大,说明 ISIMB 方法分析的模块结构能揭示功能模块的动态过程。图 4-17 给出了 Sn 随着调节因子 α 变化的变化曲线(图 4-17A 为蛋白质相互作用网络,图 4-17B 为基因相互作用网络)。从图中可以得到,在两个生物网络上,随着 α 的变大,ISIMB 方法发现的模块越来越大,模块结构的 Sn 也越来越大。

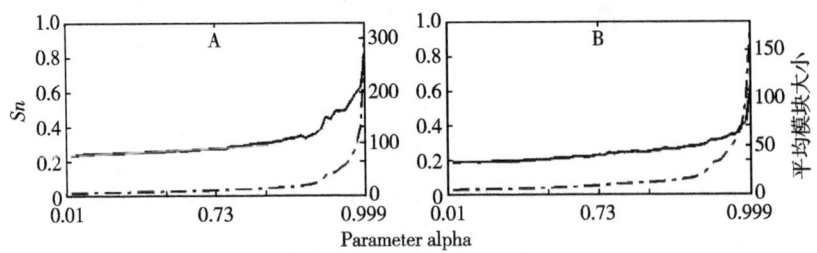

图 4-17 两个生物网络上调节因子 α、敏感度和平均模块大小之间的关系

为了验证 ISIMB 方法分析的多尺度模块结构是否能够尽可能地覆盖生物网络中不同层次的功能模块,把 ISIMB 方法中产生的 60 种不同的网络分割进行合并,并除去不同 α 下相同的模块,最后在蛋白质相互作用网络和基因相互作用网络中分别得到 2732 个与 2548 个功能模块。合并后的功能模块个数与真实的模块个数非常接近(真实的模块个数分别是 2868 个和 2546 个)。除此之外,把预测的功能模块和真实的模块进行对比,并计算其 Acc 值和 MMR 值。把计算的结果和 4 种单尺度方法的 Acc 值与 MMR 值进行对比

(表4-1)。从表4-1中可以看出，合并后的 *Acc* 值和 *MMR* 值与其他4种单尺度的方法相比，有了显著性的提高。这些结果也说明，使用单尺度的方法无法覆盖生物网络的功能模块，更无法从具体到一般的视角揭示功能模块的动态性。

表4-1　ISIMB方法的性能和4种单尺度方法的性能

网络		方法				
		ISIMB	CMC	MCODE	ClusterONE	MINE
蛋白质相互作用网络	*Acc* 值	0.2324	0.129	0.1035	0.1282	0.1292
	MMR 值	0.2556	0.1612	0.0635	0.1914	0.1336
基因相互作用网络	*Acc* 值	0.1949	0.1192	0.0956	0.1189	0.1265
	MMR 值	0.1819	0.1151	0.0601	0.1323	0.0929

4.4　多尺度性在蛋白质结构上的应用

蛋白质结构是蛋白质功能形成的最重要依据，揭示蛋白质结构对认识生物功能具有决定性的作用。因此，生物学家借助先进的设备测试蛋白质的结构，进而理解功能，设计药物。但是，利用生物的方法认识蛋白质结构费时、耗力。在这种背景下，出现了以计算的方法理解蛋白质结构。基于计算方法的蛋白质结构分析可以为生物学家提供设计实验上的指导。

利用计算的方法分析蛋白质结构，需要对其进行抽象。原子级别（Automic-Level）的蛋白质结构可以表示为一个网络，网络中的结点代表原子，边代表化学上的约束关系（Chemical Constraints）。利用网络的概念描述蛋白质结构，可以降低描述蛋白质的维度，使人们更好地计算蛋白质相关信息。Delvenne等对使用Stability方法对Adenylate Kinase蛋白质的原子级别结构网络（此网络共有2085个结点）进行分析[1]。图4-18[1]给出了蛋白质结构网络多尺度模块结构的变化情况。为了更好地揭示多尺度模块的变化和蛋白质结构的变化之间的关系，Delvenne等给出了稳定状态下网络分割和蛋白质结构之间的关系示意，如图4-19所示[1]。

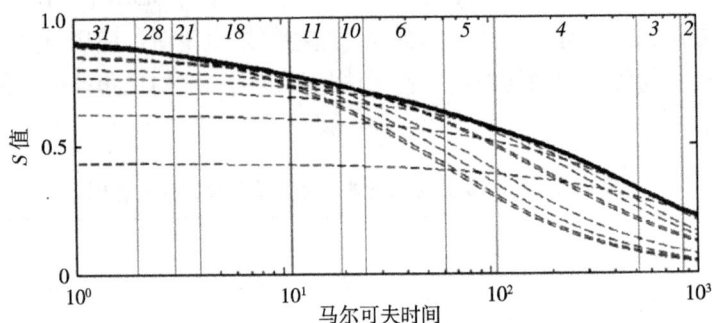

图 4-18 蛋白质结构网络中的多尺度模块结构

图上数字 31、28 等表示类的个数

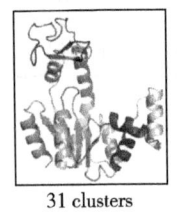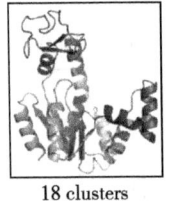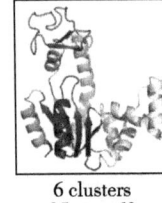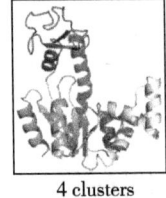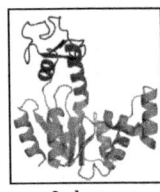

| 31 clusters | 18 clusters | 6 clusters | 4 clusters | 2 clusters |
| $t=1$ | $5 \leqslant t \leqslant 10$ | $25 \leqslant t \leqslant 60$ | $107 \leqslant t \leqslant 519$ | $t \leqslant 852$ |

图 4-19 多尺度模块下的蛋白质结构聚类结果

clusters 表示类别；t 表示 Stability 方法中马尔可夫时间

4.5 小结

模块结构是复杂网络的一个重要而又典型的特征。模块结构中的结点具有相似的属性，这一特征已被广泛地应用到各个领域，并取得了显著成果。在计算领域，如何设计算法挖掘网络中的模块结构是计算学家的重要研究内容。因此，人们提出很多算法识别模块结构。但是，这些算法只能挖掘网络中静态的网络分割，并不能反映模块从小到大的动态过程，模块的动态过程表现为多尺度性。模块的多尺度性在各个领域都有所体现，如社会网络、生物网络。在本章中，我们回顾了不同的多尺度模块挖掘算法，并在合成的数据集上验证了不同算法的性能。结果表明，我们提出的 ISIMB 算法具有良好的鲁棒性和稳定性。

在不同算法的基础上，我们给出了 ISIMB 算法在揭示蛋白质多功能性上的应用,并得到一些富有意义的结果。不仅如此,我们还给出了 Stability 方法在揭示蛋白质结构上的应用。以上结果表明,与单尺度方法相比,多尺度方法能取得更为丰富的结果。

参考文献

[1] DELVENNE J C, YALIRAKI S N, BARAHONA M. Stability of graph communities across time scales [J]. Proceedings of the National Academy of Sciences, 2010, 107 (29): 12755-12760.

[2] BAGROW J P. Communities and bottlenecks: trees and treelike networks have high modularity [J]. Physical Review E, 2012, 85: 066118.

[3] ARENAS A, FERNANDEZ A, GOMEZ S. Analysis of the structure of complex networks at different resolution levels [J]. New Journal of Physics, 2008, 10 (5): 053039.

[4] SCHAUB M T, LAMBIOTTE R, BARAHONA M. Encoding dynamics for multiscale community detection: Markov time sweeping for the map equation [J]. Physical Review E, 2012, 86 (2): 026112.

[5] CHEN C, FUSHING H. Multiscale community geometry in a network and its application [J]. Physical Review E, 2012, 86: 041120.

[6] JIAO Q J, HUANG Y, SHEN H B. A new multi-scale method to reveal hierarchical modular structures in biological networks [J]. Biolecular Biosystems, 2016, 12: 3724-3733.

[7] CHEN J, YUAN B. Detecting functional modules in the yeast protein-protein interaction network [J]. Bioinformatics, 2006, 22 (18): 2283-2290.

[8] FORTUNATO S, LATORA V, MARCHIORI M. Method to find community structures based on information centrality [J]. Physical Review E, 2004, 70 (5): 056104.

[9] CLAUSET A, NEWMAN M E J, MOORE C. Finding community structure in very large networks [J]. Physical Review E, 2004, 70 (6): 066111.

[10] DANON L, DÍAZ-GUILERA A, ARENAS A. The effect of size heterogeneity on community identification in complex networks [J]. Journal of Statistical Mechanics: Theory and Experiment, 2006, 2006 (11): 11010.

[11] ARENAS A, DÍAZ-GUILERA A, PÉREZ-VICENTE C J. Synchronization reveals topological scales in complex networks [J]. Physical Review Letters, 2006, 96 (11): 114102.

[12] LANCICHINETTI A, FORTUNATO S. Benchmarks for testing community detection algorithms on directed and weighted graphs with overlapping communities [J]. Physical Review E, 2009, 80 (1): 016118.

[13] AHN Y Y, BAGROW J P, LEHMANN S. Link communities reveal multiscale

complexity in networks [J]. Nature, 2010, 466 (7307): 761-764.
[14] THE GENE ONTOLOGY CONSORTIUM. Expansion of the gene ontology knowledgebase and resources [J]. Nucleic Acids Research, 2017, 45: 331-338.
[15] DUTKOWSKI J, KRAMER M, SURMA M A, et al. A gene ontology inferred from molecular networks [J]. Nature Biotechnology, 2013, 31 (1): 38-45.
[16] MICHAEL COSTANZO, ANASTASIA BARYSHNIKOVA, JEREMY BELLAY, et al. The genetic landscape of a cell [J]. Science, 2010, 327: 425-431.
[17] JI J, ZHANG A, LIU C, et al. Survey: functional module detection from protein-protein interaction networks [J]. IEEE Transactions on Knowledge and Data Engineering, 2014, 26 (2): 261-277.
[18] NEPUSZ T, YU H, PACCANARO A. Detecting overlapping protein complexes in protein-protein interaction networks [J]. Nature Methods, 2012, 9 (5): 471-472.
[19] LIU G, WONG L, CHUA H N. Complex discovery from weighted PPI networks [J]. Bioinformatics, 2009, 25 (15): 1891-1897.
[20] BADER G D, HOGUE C W. An automated method for finding molecular complexes in large protein interaction networks [J]. Bmc Bioinformatics, 2003, 4 (1): 2.
[21] RHRISSORRAKRAI K, GUNSALUS K C. MINE: module identification in networks [J]. Bmc Bioinformatics, 2011, 12 (1): 192.
[22] BANDYOPADHYAY S, RAY S, MUKHOPADHYAY A, et al. A multiobjective approach for identifying protein complexes and studying their association in multiple disorders [J]. Algorithms for Molecular Biology, 2015, 10: 24.

第五章
基于新结点相似性的链路预测

很多社会、生物和信息系统可以用复杂网络来描述。在复杂网络中,每一个事物可以看成是一个结点,事物与事物之间的联系可以看成是结点与结点之间的边。由于复杂网络中结点众多,结点之间的相互作用很复杂,并且会随着时间和空间的转换而发生改变,使复杂网络呈现出动态性与不完备性。例如,对于酵母细胞分子间的相互作用网络来说,人们对其所知有限,约80%的相互作用是未知的[1],而这80%如果要一一测试,对人们来说几乎是不可能的,而且酵母菌(Yeast)细胞分子间的相互作用也会不断发生改变。根据已知的网络信息对缺失的边及未来的边进行预测,可以从理论上帮助我们学习复杂网络的演变机制,进而可以帮助我们预测现实系统中个体间未知的相互作用。用已知的相互作用信息预测未知的相互作用,关注这些预测到的相互作用将会节省很多的时间和财力。如当下流行的各类社交软件,它们的"好友推荐功能"就是运用链路预测的方法,它会基于你的家乡信息建立链路,根据链路值来推荐你的老乡,基于共同爱好推荐尚不存在但可能性很大的链路作为潜在的朋友关系,可以帮助用户找到可能的新的好友;听歌软件会根据你的听歌历史来推荐你可能喜欢的歌,链路预测可以帮助人们更好地、更快地找到自己想要的。

链路预测问题是现代信息科学的一个应用性很强的问题,现已被广泛应用到社交网络、生物网络、推荐系统、股市预测等多个领域。由于链路预测的实用性,越来越多的学者开始关注复杂网络的链路预测问题,链路预测可以帮助人们通过已知的信息去发现丢失的信息和潜在的信息。目前,已提出的链路预测算法主要可以划分为三大类[2]:基于结点相似性的链路预测、基于最大似然估计的链路预测、基于概率模型的链路预测。基于最大似然估计的链路预测考虑的是网络的全局结构信息,由于计算复杂度高,所以在大型的复杂网络中并不适用。基于概率模型的链路预测算法兼顾了网络的结构信息和网络中结点的属性信息,计算的复杂度更高,并且由于结点的属性信息不易获得,获得的结点属性信息的真伪性也有待检验,所以这些缺陷限制了这两类链路预测算法的发展。目前,基于结点相似性的链路预测由于其较低的复杂度和信息获得的方便性成为复杂网络中链路预测的主流。基于结点相似性的链路预测还可以进一步分为两种类型:基于网络局部信息的结点相似性和基于网络全局信息的结点相似性。基于网络局部信息的结点相似性主要考虑结点的邻接结点信息,如 Common Neighbors (CN)[2]、Preferential Attachment (PA)[3]和 Resource Allocation (RA)[4]。这类算法计算复杂度低,但是不具备稳定性。基于网络全局信息的结点相似性主要考虑结点之间的路径信息,从而通过路径信息捕捉网络的全局拓扑结构,如 Katz[5]、Leicht-Holme-Newman (LHN2)[6]和 Average Commute Time (ACT)[7-8]。这类算法有较高的预测正确率,但并没有考虑结点的邻接信息,即不能有效融合网络的局部信息,也不具备稳定性。为了有效融合网络的局部和全局拓扑结构,我们使用改进的 ISIM 结点相似性(NISIM)对网络中不存在的边进行预测。NISIM 结点相似性可以有效融合网络的局部和全局的拓扑信息,并对不完备的网络具有较好的鲁棒性。实验验证 NISIM 相似性在链路预测方面具有良好的性能。

5.1 改进的 ISIM 结点相似性

结点相似性指标 ISIM[9]充分利用了网络上的随机游走模型,并对其进行了改进,进而提出受限的随机游走模型。它不仅考虑了结点的度在结点之间游走的影响,而且考虑了结点之间的路径对结点之间的游走限制作用。为了更好地描述新定义的 ISIM 结点相似性,首先给出网络上随机游走(Random Walk)模型[10]。结点 i 在网络上按照以下的规则游走:在 t 时刻,一个游走者在结点 i 出发,以相同的概率 $1/d_i$ 均匀地跳转到该结点的某个相邻结点,而从结点 i 跳转到结点 j 的概率 P_{ij} 是由转移矩阵 $P=(P_{ij})_{N\times N}$ 决定的。转移矩阵可以定义为:$P=D^{-1}A$,矩阵 D 是对角矩阵,对角线的值对应的是结点的度,即 $D_{ii}=d_i$;A 为网络的邻接矩阵。假设有一个游走者在 t 时刻从结点 i 开始,那么在 $t+1$ 时刻游走者到达结点 j 的概率为:

$$P_{ij}(t+1) = \sum_u \frac{A_{uj}}{d_i} P_{iu}(t)。 \qquad (5\text{-}1)$$

# 第五章 基于新结点相似性的链路预测

当 $t \to \infty$ 时，到达结点 j 的概率为：

$$P_{ij}^{\infty} = \frac{d_j}{2M}。 \tag{5-2}$$

其中，M 为网络中的边数。在收敛的状态下，结点 i 在某一时刻跳转到结点 j 的概率只和结点 j 的度有关，而与网络中的其他信息无关。若网络中一个结点的度较大，那么游走者访问到它的可能性就会很大。

基于网络上随机游走的 ISIM 结点相似性有很多优点，但是在运用过程中存在一定的缺陷，即在第一项［见第四章式（4-7）］计算两个结点的最短路径的过程中，并没有归一化。造成最终得到的结果浮动比较大。因此，并不适用于链路预测方面。为了更好地预测网络中的边，我们对其进行了归一化处理，形成新的结点相似性 NISIM。在 NISIM 中通过一个改进的结点 i 和结点 j 之间的转移概率来实现：

$$P_{ij}(t+1) = (1-\alpha)\frac{1}{NSP(i,j)} + \alpha \sum_{k=1}^{|U_i|} \frac{1}{d_i} P_{kj}(t)。 \tag{5-3}$$

其中，参数 α 用来平衡网络的局部信息和全局信息对游走者从结点 i 到结点 j 可能性大小的影响程度。α 越大，新的结点相似性可以捕捉到较多的全局信息，α 越小，可以捕捉到较多的局部信息。在本章实验中，α 设置为 0.6。$NSP(i,j)$ 表示结点 i 和结点 j 之间的最短距离，最后对其归一化处理。U_i 表示结点 i 的邻居结点。在稳定状态下的转移概率矩阵为：

$$P = (1-\alpha)(I - \alpha A)NSPV。 \tag{5-4}$$

其中，I 是 $N \times N$ 的单位矩阵；$NSPV$ 为最短路径的倒数矩阵，元素代表一对结点之间最短路径的倒数。新结点相似性指标 NISIM 在数值上等于游走者从结点 i 到结点 j 的概率和游走者从结点 j 到结点 i 的概率的平均值，新相似性指标 NISIM 的计算公式为：

$$NS_{ij} = \frac{P_{ij} + P_{ji}}{2}。 \tag{5-5}$$

5.2 实验和结果

5.2.1 实验数据

在本研究中，我们使用了 6 个网络数据集，它们分别是空手道俱乐部网络（Karate）[11]、美国橄榄球俱乐部网络（Football）[12]、海豚社会网络（Dolphins）[13]、酵母蛋白质相互作用网络（Complex）[14]、蛋白质相互作用网络（PPI）[14]和基因相互作用网络（Genetic）[15]。其中，前 3 个网络被广泛应用到各种社团结构算法检测中，它们分别含有 34 个、115 个和 62 个结点，含有 78 条、615 条和 159 条边。第四个网络是由酵母蛋白质组成的蛋白质相互作用网络，为了增加相互作用对的可信性，我们只选择了该网络的一个子网络，即能在德国慕尼黑蛋白质序列中心（Munich Information center for Protein Sequences，MIPS）中构成蛋白质复合物的结点，共 1149 个结点和 10 822 条边。第五个网络包含 3277 个结点和 13 225 条边。最后一个网络是描述基因的相互作用网络，共包含了 2829 个结点和 11 102 条边。

5.2.2　6 种结点相似性指标

为了验证 NISIM 结点相似性在链路预测方面的性能，我们把 NISIM 相似性预测的结果与其他 6 种相似性进行对比。6 种相似性分别为 CN、PA、RA、Katz、LHN2 和 ACT。其中，前 3 种相似性是基于网络的局部信息定义的，后 3 种相似性是基于网络的全局相似性定义的。它们的具体定义如下。

（1）CN（Common Neighbors）指标

CN 指标是网络链路预测中基于局部信息的最简单的相似性指标[1]。假设 x、y 为网络中的两个结点，我们分别用 $\Gamma(x)$ 和 $\Gamma(y)$ 来表示 x 与 y 的邻居结点的集合，x 的邻居结点的个数用 $|\Gamma(x)|$ 表示，y 的邻居结点的个数用 $|\Gamma(y)|$ 表示。那么基于共同邻居的相似性链路预测的分数值就可以直接用 x 和 y 的共同邻居的个数来计算：

$$S_{xy}^{CN} = ||\Gamma(x)| \cap |\Gamma(y)||。 \tag{5-6}$$

（2）PA（Preferential Attachment）指标

基于结点度的相似性的优先连接指标 PA 只需要考虑结点的度信息，不需要考虑结点的邻居结点[8]。在复杂网络中，使用该指标时，结点 x 成为一条即将加入的连边顶点的概率与结点 x 的度 $k(x)$ 正相关，结点的度越大，就越有可能成为连边的顶点。因此，结点 x 和结点 y 成为连边的两个顶点的概率与两结点度的乘积是正相关的关系。用 PA 指标计算结点 x、y 的接近程度的公式为：

$$S_{xy}^{PA} = k(x) \times k(y)。 \tag{5-7}$$

(3) RA（Resource Allocation）指标

考虑网络中如果两个结点 x 和 y 之间没有直接连边，那么结点 x 就必须依靠结点 x 和结点 y 之间的共同邻居结点来传递相应资源到结点 y，因此，结点 x、y 之间的共同邻居就担当起了传递资源的媒介角色，媒介在收到资源后会平均分配给它的所有邻居结点。我们假设每个媒介接收到的资源数为一单位，然后它会均匀地分发给它的所有邻居结点。用 RA 指标计算的结点 x 和结点 y 之间的相似度定义为结点 x 传递到结点 y 的资源数，计算公式如下：

$$S_{xy}^{RA} = \sum_{z \in \Gamma(x) \cap \Gamma(y)} \frac{1}{k(z)} 。 \tag{5-8}$$

(4) Katz 指标

Katz 指标基于网络中所有的路径，把较大的权重赋给较短路径，而把较小的权重赋给较长路径。结点 x、y 之间的相似度计算公式为：

$$S_{xy}^{Katz} = \beta A_{xy} + \beta^2 (A^2)_{xy} + \beta^3 (A^3)_{xy} + \cdots 。 \tag{5-9}$$

其中，A 为网络的邻接矩阵；β 为权重衰减因子，其取值应小于 A 的最大特征值的倒数。在本章实验中，β 设置为 0.01。如果 I 表示单位矩阵，那么 Katz 的相似性矩阵可以表示为：

$$S^{Katz} = (I - \beta A)^{-1} - I 。 \tag{5-10}$$

(5) LHN2（Leicht-Holme-Newman Index）指标

与 Katz 指标相同，LHN2 指标考虑网络中所有的路径。LHN2 指标认为两个结点之间的邻居结点相似，则这两个结点也相似。一个网络 LHN2 指标的结点之间的相似性计算如下所示：

$$S^{LHN2} = 2M\lambda D^{-1} \left(I - \frac{\varphi A}{\lambda} \right)^{-1} D^{-1} 。 \tag{5-11}$$

其中，M 为网络中的总边数；A 为网络的邻接矩阵；λ 为矩阵 A 的最大特征值；D 和 I 分别为度值矩阵与单位矩阵，φ 为取值小于 1 的参数，在实验中设置为 0.9。

(6) ACT（Average Commute Time）指标

ACT 指标是基于网络的随机游走模型的。如果我们用 $m(x, y)$ 表示游走者从结点 x 到结点 y 所有路径的平均步数，那么结点 x 和结点 y 之间的平均通勤时间可以定义为：

$$n(x, y) = m(x, y) + m(y, x) 。 \tag{5-12}$$

如果两个结点的平均通勤时间 $n(x, y)$ 越小，则两个结点相似度程度就越高，越有可能产生连边。用 ACT 指标来计算结点 x 与结点 y 之间的相似性公式为：

$$S_{xy}^{ACT} = \frac{1}{l_{xx} + l_{yy} - 2l_{xy}} \text{。} \qquad (5-13)$$

其中，l_{xx}、l_{yy}、l_{xy} 是矩阵 L 中对应的元素，矩阵 L 是网络拉普拉斯矩阵的伪逆。

5.2.3 评价指标

我们用曲线下面积（Area Under Curve，AUC）[16]来评价链路预测算法的准确性。AUC 可以从整体上评估链路预测算法的精确度，AUC 的值可理解为测试集中的边的分数值比不存在的边的分数值大的概率，从测试集中随机选择的边的分数值 $scorep$ 与随机选择的未知的边的分数值 $scoren$ 进行比较，若 $scorep>scoren$，加 1 分；若 $scorep=scoren$，加 0.5 分；若 $scorep<scoren$，不加分。假设比较了 n 次，如果有 n_1 次测试集中的边的分数值 $scorep$ 大于不存在的边的分数值 $scoren$，有 n_2 次两分数值相等，则 AUC 定义为：

$$AUC = \frac{n_1 + 0.5n_2}{n} \text{。} \qquad (5-14)$$

5.2.4 实验结果

我们把网络中已存在的边按比例（proportion）随机分为训练集和测试集，proportion 越大，训练集中的边数就越多。当我们把参数 proportion 设置为 0.9 时，表 5-1 和图 5-1 给出了 7 种不同相似性指标的 AUC 值。从表 5-1 和图 5-1 中看到，NISIM 的 AUC 值在 5 个网络上的值高于其他 6 种相似性指标；在 PPI 网络中，NISIM 的值略低于 Katz 的值。接下来，我们设置不同的比例 proportion，取 proportion = 0.5~0.8。具体测试结果请见本章附录。

表 5-1 当 proportion = 0.9 时不同指标在不同网络中计算的 AUC 值

网络	CN	RA	PA	Katz	LHN2	ACT	NISIM
Complex	0.9304	0.8029	0.9308	0.9379	0.8327	0.8270	**0.9413**

第五章 基于新结点相似性的链路预测

续表

网络	CN	RA	PA	Katz	LHN2	ACT	NISIM
Dolphins	0.7609	0.6820	0.7664	0.8160	0.6419	0.7938	**0.8165**
Football	0.8473	0.2878	0.8389	0.8583	0.6802	0.5616	**0.8633**
Genetic	0.9275	0.8259	0.9282	0.9598	0.9471	0.8666	**0.9622**
Karate	0.7046	0.7439	0.7451	0.8015	0.3526	0.7083	**0.8193**
PPI	0.8966	0.8492	0.8974	**0.9497**	0.7769	0.8626	0.9427

图 5-1 当 *proportion* = 0.9 时不同指标在不同网络中计算的 *AUC* 值

由于不同网络的拓扑结构性质不同,所以链路预测算法在不同的网络中的预测精度会有所差异。通过观察实验结果,我们发现当 proportion = 0.5 ~ 0.9 时,在前 4 个网络中 NISIM 指标的精确度明显高于其他指标,在 Karate 网络中 PA 指标的精确度可能会略高于 NISIM 指标,在 PPI 网络中 NISIM 指标的精确度略低于 Katz 指标,证明 NISIM 指标具有一定的可行性。这也充分证明了 NISIM 指标所具有的优点:不仅能够利用随机游走模型捕捉网络的全局信息,而且考虑了网络的局部信息及两个结点之间的最短路径,有效地融合了网络的局部和全局信息,所以它的预测精度是优于只考虑局部和只考虑全局的链路预测算法的。

5.3 小结

复杂系统的网络化描述可以为研究真实现象提供强有力的工具,如人体内部的新陈代谢系统、人类在社会中相互联系的人脉现象、自然界的食物链现象等系统都可以抽象为只含有结点和边的网络结构。现实系统的复杂性和不可预测性造成了复杂网络具有动态性与不完备性，网络的不完备性限制了复杂网络理论及其应用的发展。如何由已知的网络结点之间的拓扑连接信息来发现未观察到的或在未来将会出现的连接是复杂网络研究的重要内容。网络中的链路预测可以有效预测网络中可能存在或潜在连接的边。

为了解决网络的链路预测问题，本研究使用我们提出的新结点相似性 NISIM 对网络中的未存在的边进行预测。新结点相似性 NISIM 能有效融合网络中的局部和全局拓扑结构，还能用于识别网络中的单尺度和多尺度模块结构。通过在 6 个真实网络上的实验验证表明，新结点相似性 NISIM 比其他结点相似性在链路预测方面有更好的性能。但是新结点相似性 NISIM 也存在一定的缺陷，如时间复杂度高。因此，如何降低计算 NISIM 结点相似性的时间复杂度是我们进一步研究的方向。

附录

为了更好地验证 NISIM 方法和其他方法的性能，我们把 $proportion$ 设置为不同的值，即 $proportion = 0.5 \sim 0.8$。

表 5-2 和图 5-2 给出了当 $proportion=0.8$ 时的结果。从图 5-2 中可以直观地看出，当 $proportion=0.8$ 时，在前 4 个网络中 NISIM 的预测精度最高；在 Karate 网络中，只有 PA 指标的预测精度略高于 NISIM；在 PPI 网络中，只有 Katz 指标的预测精度略高于 NISIM。

表 5-2 当 $proportion=0.8$ 时不同指标在不同网络中计算的 AUC 值

网络	CN	RA	PA	Katz	LHN2	ACT	NISIM
Complex	0.9140	0.9191	0.7959	0.9294	0.8355	0.8134	**0.9325**
Dolphin	0.7990	0.7863	0.6579	0.8475	0.7045	0.7405	**0.8522**
Football	0.8673	0.8635	0.3060	0.8839	0.6069	0.5946	**0.8882**
Genetic	0.9055	0.9030	0.8088	0.9451	0.9334	0.8496	**0.9514**
Karate	0.6708	0.7170	**0.7679**	0.7404	0.3681	0.7277	0.7667
PPI	0.8744	0.8773	0.8422	**0.9303**	0.7690	0.8502	0.9274

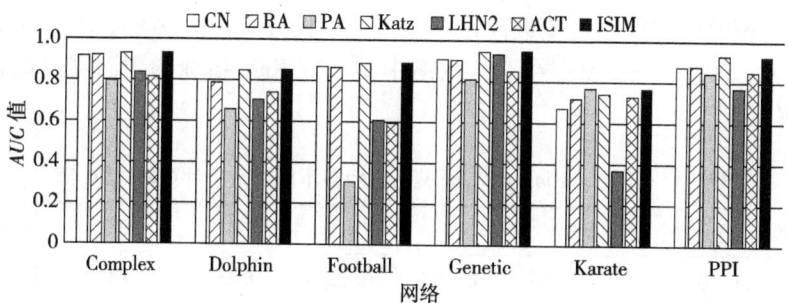

图 5-2 当 *proportion* = 0.8 时不同指标在不同网络中计算的 *AUC* 值

从表 5-3 和图 5-3 中我们可以直观地看出，当 *proportion* = 0.7 时，在前 4 个网络中 NISIM 的预测精度最高；在 Karate 网络中，只有 PA 指标的预测精度略高于 NISIM；在 PPI 网络中，只有 Katz 指标的预测精度略高于 NISIM。

表 5-3 当 *proportion* = 0.7 时不同指标在不同网络中计算的 *AUC* 值

网络	CN	RA	PA	Katz	LHN2	ACT	NISIM
Complex	0.9097	0.9125	0.7992	0.9370	0.8335	0.8270	**0.9378**
Dolphin	0.7757	0.7684	0.6280	0.8210	0.6763	0.7546	**0.8282**
Football	0.8293	0.8245	0.3480	0.8497	0.6214	0.5654	**0.8607**
Genetic	0.8838	0.8859	0.8036	0.9408	0.9291	0.8563	**0.9446**
Karate	0.6447	0.6650	**0.7492**	0.7053	0.3599	0.6994	0.7385
PPI	0.8522	0.8512	0.8544	**0.9381**	0.7832	0.8556	0.9292

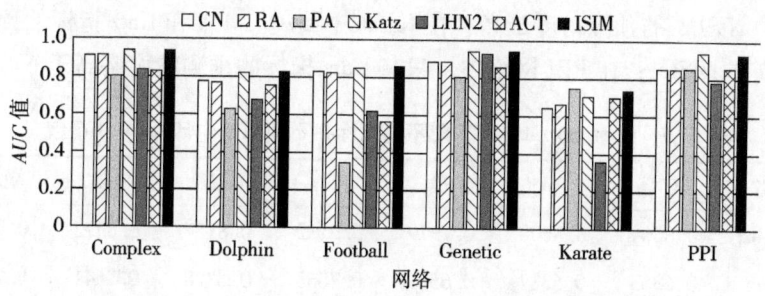

图 5-3 当 *proportion* = 0.7 时不同指标在不同网络中计算的 *AUC* 值

从表 5-4 和图 5-4 中可以直观地看出，当 *proportion* = 0.6 时，在前 4 个

网络中 NISIM 的预测精度最高；在 Karate 网络中，PA、Katz、ACT 指标的预测精度略高于 NISIM；在 PPI 网络中，只有 Katz 指标的预测精度略高于 NISIM。

表 5-4　当 *proportion* = 0.6 时不同指标在不同网络中计算的 *AUC* 值

网络	CN	RA	PA	Katz	LHN2	ACT	NISIM
Complex	0.8856	0.8875	0.7986	0.9244	0.8301	0.8194	**0.9269**
Dolphin	0.6943	0.6851	0.6660	0.8159	0.7067	0.7817	**0.8176**
Football	0.7938	0.7909	0.3778	0.8211	0.6432	0.5403	**0.8469**
Genetic	0.8576	0.8563	0.8074	0.9311	0.9184	0.8545	**0.9375**
Karate	0.5708	0.5941	0.7157	0.7230	0.4157	**0.7530**	0.6631
PPI	0.8205	0.8225	0.8414	**0.9157**	0.7602	0.8578	0.9142

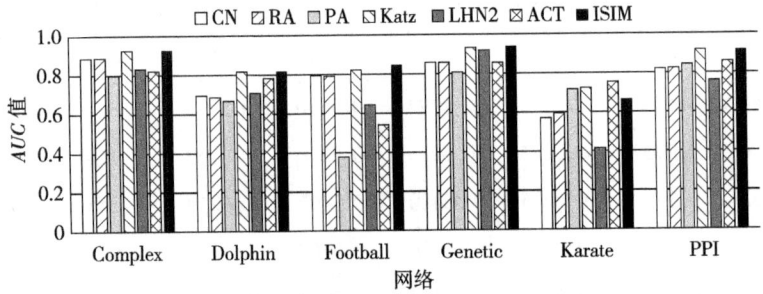

图 5-4　当 *proportion* = 0.6 时不同指标在不同网络中计算的 *AUC* 值

从表 5-5 和图 5-5 中可以直观地看出，当 *proportion* = 0.5 时，在前 4 个网络中 NISIM 的预测精度最高；在 Karate 网络中，PA 和 Katz 指标的预测精度略高于 NISIM；在 PPI 网络中，只有 Katz 指标的预测精度略高于 NISIM。

表 5-5　当 *proportion* = 0.5 时不同指标在不同网络中计算的 *AUC* 值

网络	CN	RA	PA	Katz	LHN2	ACT	NISIM
Complex	0.8609	0.8608	0.7979	0.9132	0.8127	0.8272	**0.9149**
Dolphin	0.6363	0.6387	0.6510	0.7863	0.6328	0.7641	**0.7964**
Football	0.7274	0.7326	0.3942	0.7627	0.5691	0.5195	**0.7872**
Genetic	0.8083	0.8123	0.7959	0.9279	0.9150	0.8650	**0.9337**

续表

网络	CN	RA	PA	Katz	LHN2	ACT	NISIM
Karate	0.5693	0.5817	**0.7841**	0.7168	0.4586	0.6798	0.7134
PPI	0.7740	0.7725	0.8382	**0.9132**	0.7740	0.8524	0.9124

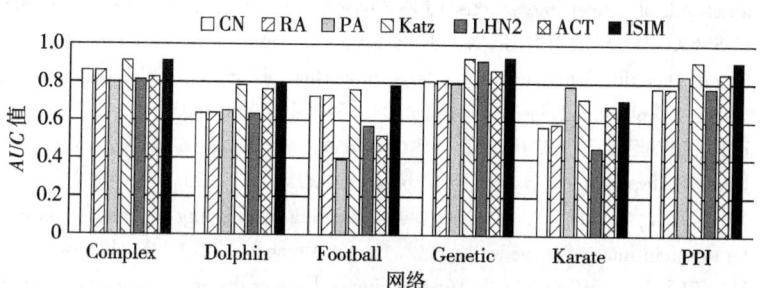

图 5-5 当 *proportion* = 0.5 时不同指标在不同网络中计算的 *AUC* 值

参考文献

[1] YU H, BRAVN P, YILDI RIM M A, et al. High-quality binary protein interaction map of the yeast interactome network [J]. Science, 2008, 322 (5898): 104–110.

[2] LÜ L, ZHOU T. Link prediction in complex networks: a survey [J]. Physica A: Statistical Mechanics and its Applications, 2011, 390 (6): 1150–1170.

[3] BARABASI A L, ALBERT R. Emergence of scaling in random networks [J]. Science, 1999, 286 (5439): 509–512.

[4] ZHOU T, LU L, ZHANG Y C. Predicting missing links via local information [J]. European Physical Journal B, 2009, 71 (4): 623–630.

[5] KATZ L. A new status index derived from sociometric analysis [J]. Psychometrika, 1953, 18 (1): 39–43.

[6] LEICHT E A, HOLME P, NEWMAN M E J. Vertex similarity in networks [J]. Physical Review E, 2006, 73: 026120.

[7] KLEIN D J, RANDIC M. Resistance distance [J]. Journal of Mathematical Chemistry, 1993, 12 (1): 81–95.

[8] FOUSS F, PIROTTE A, RENDERS J M, et al. Random-walk computation of similarities between nodes of a graph with application to collaborativerecommendation [J]. IEEE Transactions on Knowledge and Data Engineering, 2007, 19 (3): 355–369.

[9] JIAO Q J, HUANG Y, SHEN H B. Community mining with new node similarity by incorporating both global and local topological knowledge in a constrained random walk

[J]. Physica A: Statistical Mechanics and its Applications, 2015, 424: 363-371.
[10] NOH J D, RIEGER H. Random walks on complex networks [J]. Physical Review Letters, 2004, 92 (11): 118701.
[11] ZACHARY W W. An information flow model for conflict and fission in small groups [J]. Journal of Anthropological Research, 1977: 452-473.
[12] GUIMERÀ R, DANON L, DÍAZGUILERA, et al. Self-similar community structure in a network of human interactions [J]. Physical Review E, 2003, 68 (6): 065103.
[13] LUSSEAU D, SCHNEIDER K, BOISSEAV O J, et al. The bottlenose dolphin community of Doubtful Sound features a large proportion of long-lasting associations [J]. Behavioral Ecology and Sociobiology, 2003, 54 (4): 396-405.
[14] DUTKOWSKI J, KRAMER M, SURMA M A, et al. A gene ontology inferred from molecular networks [J]. Nature Biotechnology, 2013, 31 (1): 38-45.
[15] NEPUSZ T, YU H, PACCANARO A. Detecting overlapping protein complexes in protein-protein interaction networks [J]. Nature Methods, 2013, 9: 471-472.
[16] HANELY J A, MCNEIL B J. The meaning and use of the area under a receiver operating characteristic (ROC) curve [J]. Radiology, 1982, 143: 29-36.

第六章
总结和展望

6.1 总结

从 21 世纪初开始，对复杂网络的研究掀起了一股热潮，到现在已有近 20 年时间，复杂网络的基本特征和基本理论已被研究得比较完善，但是复杂网络的研究也受到一些质疑、遇到一些瓶颈。然而，随着大数据和人工智能的崛起，复杂网络又展现出了其强大的特性。复杂网络作为研究复杂系统的有力工具，对抽象大数据起着重要的作用。同样，对于人工智能领域，复杂网络也展现出了其优越性，复杂网络化系统智能控制也成为当下研究的热点。

甲骨文是地下出土中国最早的成文古典文献遗产，是汉字汉语的鼻祖，承载着真正的中华基因。2016 年 5 月 17 日在北京主持召开的哲学社会科学工作座谈会中习近平指出："要重视发展具有重要文化价值和传承意义的'绝学'、冷门学科。这些学科看上去同现实距离较远，但养兵千日、用兵一时，需要时要拿得出来、用得上。还有一些学科事关文化传承的问题，如甲骨文等古文字研究等，要重视这些学科，确保有人做、有传承。"2017 年 10 月 30 日甲骨文入选"世界记忆名录"，肯定了甲骨文遗产的世界意义。甲骨文的研究为寻绎中国思想之渊薮、中国精神之缘起、中国传统文化之特质提供了最真实的素材。然而，甲骨文的研究遇到了瓶颈，人工方法无法破译约 3000 个甲骨字的语义。因此，必须借助现有的计算机技术来破译甲骨字。

甲骨字系统是一种相对比较成熟的文字系统，具有一定的复杂性，而复杂网络是研究复杂系统有力的工具，因此，用复杂网络研究或破译未知甲骨

甲骨字网络及其特性初步探索

字成为必然的趋势。在本书中，首先，介绍了复杂网络的基本概念，然后进而详细介绍了我们首次构建的甲骨字网络。甲骨字网络的构建标志着网络甲骨学的诞生，也意味着人们开始从系统的角度研究甲骨文。其次，我们以甲骨字网络为基础数据，研究了未识甲骨字的网络特征，并以未识甲骨字的特征为指导，首次预测了未识甲骨字的场景语义。再次，着重介绍了多尺度社团结构概念。多尺度社团结构能够帮助人们理解社团的演化过程，进而更好地认识网络中重要结点的演变规律，这种现象为人们从演化的角度破译甲骨字的语义提供了可能。最后，针对甲骨字网络数据较少的特征，利用 NISIM 新结点相似性对网络中的边进行预测，与其他算法相比，该算法的性能较好，并具有良好的稳定性。

6.2 展望

虽然笔者创新地构建了第一个甲骨字网络，但是构建网络的方法和模型还存在很多问题。构建甲骨字网络意味着网络甲骨学的开始，未来还有重要的工作需要我们进一步研究：第一，虽然在第二章中设计了在以后的工作中如何构建甲骨字形网络，但是以现有的数据来看，构建甲骨字形中部首数据较少，很多甲骨字无法拆分；第二，已识甲骨字较少，未识甲骨字较多，如何利用现有的甲骨字信息破译未识甲骨字语义是我们以后最重要的工作；第三，如果从计算的角度破译甲骨字，需要大量的甲骨文信息材料，包括拓片、文献、释文等大数据信息，收集有关甲骨文字的数据也是我们的重要工作。未来的工作虽然困难重重，但是网络甲骨学一定能够很好地破译未识甲骨字的语义。